Qué dice

¿Qué necesitas en estos tiempos peligrosos y preocupantes? ¿Solucionará los problemas un gobierno diferente? Los gobiernos se componen de personas falibles y nunca perduran. ¿Solucionará los problemas más dinero? El dinero es variable y efímero. ¿Y un empleo diferente? Los empleos son inconstantes y poco confiables. ¿Qué necesitas en tiempos peligrosos y preocupantes? Una fe inquebrantable. Este libro nos muestra de manera excelente cómo permanecer firmes, aunque todo a nuestro alrededor tiemble y se sacuda.

Jennifer Kennedy Dean
Directora ejecutiva de The Praying Life Foundation y autora de
Live a Praying Life y *Live a Praying Life* *Without Fear*

Sé que este libro bendecirá profundamente a muchas mujeres, no solo de los Estados Unidos, ¡sino de todo el mundo! Madres Unidas para Orar ha sido de gran bendición, para mí, personalmente, y para muchas otras mujeres. Nos ha enseñado a orar con fe y expectativa, y a darle la gloria a Dios cuando recibimos la respuesta a nuestro clamor. Hay algo magnífico y poderoso en la simple acción de unirnos a otras mujeres para orar por nuestros hijos.

Wendy Palau
National Prayer Team, Asociación Luis Palau

Sally Burke y Cyndie Claypool de Neve han colmado este libro de elementos claves para un fundamento seguro, de tal modo que tú —y tus hijos— puedan permanecer firmes en un mundo en caos. Recibirás poder, aliento y capacitación para estar bien cimentada en tu fe con cada historia inspiradora y la sabiduría de Dios, profunda y práctica, que encontrarás en cada página de este libro.

Pam Farrel
Autora de 45 libros, entre los que se incluyen *El lenguaje secreto de las parejas exitosas* y *Los hombres son como waffles, las mujeres como espaguetis*

¡Permanece firme ha superado mis expectativas! ¡Con gracia y entusiasmo este libro convoca a un ejército a orar! No hay ninguna condenación aquí; solo una conmovedora invitación a recibir los recursos ilimitados que nos esperan delante del trono de la gracia y la inquebrantable estabilidad emocional, física, mental y espiritual que recibimos a través de la oración. Cada capítulo me ha cautivado, inspirado y cimentado profundamente en Cristo.

Cheryl Brodersen
Presentadora de Living Grace, autora de *Cuando una mujer se libera del temor* y *Growing Together as a Couple* con su esposo, Brian Brodersen, pastor de Calvary Chapel, Costa Mesa

¿Te gustaría reemplazar la preocupación por tus hijos por confianza y paz? *Permanece firme* no solo te inspirará a orar por ellos, sino que también te enseñará la manera exacta de hacerlo. ¡Aunque tengas una agenda llena, podrás hacer esto! Unirme al grupo de Madres Unidas para Orar es uno de mis compromisos más importantes.

Arlene Pellicane
Conferencista y autora de *31 días para ser una mamá feliz*

Sally Burke &
Cyndie Claypool de Neve

Permanece firme

EXPERIMENTA EL PODER Y LA PAZ

DE UNA VIDA DE ORACIÓN

EDITORIAL
PORTAVOZ

Título del original: *Unshaken,* © 2017 por Sally Burke y Cyndie Claypool de Neve, y publicado por Harvest House Publishers, Eugene, Oregon 97402. Traducido con permiso.

Edición en castellano: *Permanece firme,* © 2017 por Editorial Portavoz, filial de Kregel, Inc., Grand Rapids, Michigan 49505. Todos los derechos reservados.

Traducción: Rosa Pugliese

EDITORIAL PORTAVOZ
2450 Oak Industrial Drive NE
Grand Rapids, MI 49505 USA
Visítenos en: www.portavoz.com

ISBN 978-0-8254-5765-3 (rústica)
ISBN 978-0-8254-6661-8 (Kindle)
ISBN 978-0-8254-8720-0 (epub)

1 2 3 4 5 edición / año 26 25 24 23 22 21 20 19 18 17

Impreso en los Estados Unidos de América
Printed in the United States of America

Contenido

Parte 4: Historias que nos inspiran a permanecer firmes

Al Señor he puesto
continuamente delante de mí;
porque está a mi diestra,
permaneceré firme.

Salmo 16:8 (LBLA)

Prólogo

Fern Nichols,
fundadora de Madres Unidas para Orar Internacional

Me siento muy agradecida de que el contenido de este libro te acerque más a tu Padre celestial y despierte en tu corazón más pasión por conocer al Dios soberano, grande y prodigioso, que escucha y responde las oraciones. Los cuatro pasos de oración descritos en este libro —alabanza, confesión, acción de gracias e intercesión— te conducirán a un nivel de oración más profundo. ¡Fortalecerán tu fe, te ayudarán a saber, sin ninguna sombra de duda, que hay un Dios que reina y que no hay nada imposible para Él!

Hace más de treinta años, mi corazón se llenó de ansiedad y temor cuando envié a mis dos hijos mayores a una escuela intermedia cercana. Ellos estaban experimentando emociones cambiantes, tentaciones peligrosas, presiones de sus compañeros, trastornos hormonales y desafíos a su fe. Yo sabía que la oración unida era la respuesta a mis temores. Clamé a Dios con una simple oración: "Señor, ¿quién se unirá a mí en oración?". Dios respondió mi sencilla oración desesperada y, a la semana siguiente, cinco mujeres nos reuníamos para empezar a interceder fielmente por nuestros hijos y sus escuelas una hora por semana.

Yo sabía que debíamos usar sabiamente esa hora, porque estábamos peleando una batalla espiritual por la vida de nuestros hijos. Necesitábamos un plan de oración estratégico para contrarrestar la influencia del mundo, la carne y el diablo que vendrían sobre ellos como un tsunami con la intención de destruirlos. Necesitábamos pararnos en la brecha por sus vidas y la vida de los demás niños de la escuela.

Había llegado el momento de actuar. Formulé una estrategia de "cuatro pasos de oración" para enseñarnos a orar y mantener el enfoque de la oración. Cuando los discípulos le pidieron a Jesús que les enseñara a orar, Él les dio una manera de orar magnífica, eficaz y estratégica: el padrenuestro. En esta oración, encontramos elementos de nuestros cuatro pasos. Este formato nos ayuda a "buscar las cosas de arriba": los planes, la misión, los propósitos y la voluntad del Señor.

Este libro está escrito para cualquier creyente que desea confiar en Dios de manera irrevocable y convertirse en una mujer de oración eficaz y segura. Usamos estos cuatro pasos en nuestros grupos de Madres Unidas para Orar Internacional de todo el mundo. También los podemos usar en nuestros devocionales personales y familiares, y en los grupos de oración de nuestras iglesias. Este libro te mostrará los tesoros de los cuatro pasos de oración, que tienen el poder de revolucionar tu vida de oración, profundizar tu relación con el Señor y ayudarte a permanecer firme no importa el caos que haya a tu alrededor. La disciplina de hacer estas cuatro clases de oración te ayudará a mantenerte firme en una posición de descanso, esperanza, paz y gozo.

El Padrenuestro

Vosotros, pues, oraréis así:
Padre nuestro que estás en los cielos,
santificado sea tu nombre. Venga tu reino.
Hágase tu voluntad, como en el cielo,
así también en la tierra. El pan nuestro de
cada día, dánoslo hoy. Y perdónanos
nuestras deudas, como también nosotros
perdonamos a nuestros deudores. Y no nos
metas en tentación, mas líbranos del mal.

Mateo 6:9-13

Parte 1

Acepta la invitación a permanecer firme

De los misterios del espacio a las verdades de Cristo

Sally Burke,
presidenta de Madres Unidas para Orar Internacional

Con un bebé en mis brazos y un niño pequeño agarrado de mi pierna, escuché a mi esposo darme una noticia que cambiaría la vida de nuestra familia para siempre. Ed y yo nos habíamos conocido mientras trabajábamos como ingenieros en el transbordador espacial. Aunque él era muy guapo, me atrajo su inteligencia, y ahora estaba totalmente segura de que la había perdido. Mientras mi inteligente, científico y, por lo general, sensible esposo me contaba que había aceptado a Cristo como su Salvador en el trayecto hacia su trabajo, toda mi vida pasó frente a mis ojos.

Agradezco la bendición de haber crecido en la ribera de Cocoa Beach (Florida), a unas pocas cuadras de la playa. Desde nuestra hermosa casa, podía escuchar el sonido de las olas que rompían sobre la arena y nos invitaba a ir a jugar. Nací en una familia cariñosa con padres excelentes, dos hermanos y una hermana. Sin embargo, como cualquier familia de incrédulos, vivíamos conforme a este mundo. Y yo buscaba satisfacer los deseos superficiales del mundo.

En todo lo que hacía —ya fuera en el deporte, los estudios o el trabajo— me esmeraba por distinguirme. Me encantaba ser pionera e incursionar en terrenos donde pocas mujeres lo habían hecho, de modo que fui la primera de las pocas socorristas femeninas de Cocoa Beach. Y, más adelante, después de graduarme de la Universidad de Florida, inicié mi carrera profesional en el programa de trasbordadores espaciales; un campo ampliamente dominado por los hombres.

Disfrutaba de mis logros y mis éxitos. Por fuera, la vida era buena, pero por dentro, estaba llena de inseguridad e incertidumbre por lo que me depararía el futuro.

Mientras conducía mi automóvil deportivo nuevo hacia mi trabajo como ingeniera en el trasbordador espacial de Palmdale (California), me hacía preguntas que me atormentaban. ¿Qué me depararía el futuro? ¿Qué próximo objetivo debería cumplir? ¿Y si no lo cumplía? ¿Y si fracasaba?

Una vez que asumía mi rol profesional, trataba de silenciar esas preguntas para poder aprovechar por completo la increíble oportunidad de trabajar con algunas de las mentes más brillantes de nuestro país; incluido el joven y apuesto ingeniero Ed, con quien finalmente me puse de novia y me casé.

Después que tuvimos el primero de nuestros cuatro hijos, acordamos que dejaría mi empleo remunerado para poder cumplir con la tarea más difícil, pero mucho más gratificante, de criar a nuestros hijos. Nuestra vida era buena, pero sin Dios era una vida egocéntrica y materialista. La inseguridad y la incertidumbre siguieron creciendo mientras sentía el peso de la responsabilidad de las pequeñas vidas que habíamos traído al mundo.

Hasta que llegó el día crucial cuando todo cambió.

Cuando Dios aparece en escena

Ed llegó del trabajo con una noticia preocupante. En su viaje en el coche había sintonizado la emisora radial de un programa del pastor John MacArthur y, por primera vez, entendió lo que significaba "ser salvo". Allí mismo, en el auto, aceptó a Jesús como su Salvador. Mientras me explicaba su decisión, me quedé pasmada. ¿Sería que estaba trabajando demasiado? ¿Había perdido la razón? ¿Iba a repercutir su decisión en nuestra manera cómoda de vivir? ¿Por qué tenía que perturbar la paz de nuestro hogar de esa manera?

A pesar de mis preguntas y mis dudas, Ed se mantuvo fiel a su nueva fe en Dios. La perspectiva materialista que siempre habíamos tenido ya era cosa del pasado. Ahora teníamos una perspectiva nueva, una cristiana. Cuando Jesús aparece en escena, todo cambia.

Y en los meses que siguieron, mi esposo *cambió*. Su manera de pensar era otra. Tenía una fortaleza interior nueva y el deseo de vivir para Dios. Él sabía que yo tenía reservas sobre la decisión que había tomado, pero, en vez de discutir conmigo o forzarme a aceptar su creencia, persistió en oración por mí.

·····································

Cuando Jesús aparece en escena, todo cambia.

·····································

La Navidad siguiente esperaba uno de los regalos espectaculares que Ed acostumbraba a hacer. Llena de entusiasmo y expectativa, me escandalicé al desenvolver… una Biblia. *¿En serio?* —pensé—. *¿Este es mi regalo de Navidad?* Lo escuchaba desconcertada mientras me contaba la dedicación y el tiempo que le había llevado encontrar la Biblia indicada para mí. Ya que, evidentemente, ese era un tesoro mucho más valioso que cualquier piedra preciosa para él, decidí leerla.

Empecé por el principio, por el libro de Génesis, pero no entendí mucho. Así que salté a los Salmos. ¡Increíble! Mientras leía la bella poesía y las poderosas verdades expresadas con tanta sencillez, pensé que quien escribió ese libro debió ser muy inteligente, como el excelente profesor de cálculo matemático que explica un concepto difícil de una manera que cada estudiante pueda entender y emplear exitosamente. La verdad de Dios me inundó, me abrió los ojos a la verdad eterna y me hizo entender la falsedad de la "verdad" del mundo que había creído hasta ese momento. Llegué a una conclusión innegable: la Biblia era verdad. Entonces mi esposo me sugirió que leyera el libro de Juan, que estaba en el Nuevo Testamento. Antes de terminar el primer capítulo, ¡comprendí que Jesús era Dios! Incliné mi cabeza y acepté a Jesús como mi Señor.

Del espacio exterior a la paz interior

Cuando empecé a leer la Palabra de Dios y orar, fue como un ancla para mi alma que me daba mucha paz. Estaba naciendo una relación como ninguna otra. El Dios del universo estaba escuchando y respondiendo la oración. La verdad de la Palabra de Dios estaba viva en mí. "Elegidos según la presciencia de Dios Padre en santificación del Espíritu, para obedecer y ser rociados con la sangre de Jesucristo: Gracia y paz os sean multiplicadas" (1 P. 1:2).

Cuando le entregué mi vida a Dios, mis prioridades cambiaron. Antes me apasionaba por encontrar la manera en que los seres humanos llegaran a las estrellas y los cielos, ahora sentía la urgencia de hablar íntimamente con Aquel que gobierna los cielos y la tierra. Anhelaba recibir su paz. Entonces clamé al Señor que me enseñara a orar. Esta petición cambió y bendijo mi vida para siempre. El Dios que creó el universo me estaba escuchando. La respuesta a esa oración cambiaría no solo mi propia vida, sino la vida de aquellos que me rodeaban. Me daría la enorme dicha de tener una relación con mi Señor y Salvador. Sería una experiencia maravillosa de mi relación con Él.

Dios decidió responder esa oración por medio de una invitación de mi querida amiga Nancy a asistir a una reunión, con el fin de orar por nuestros hijos y sus escuelas. Fue en 1990. Aquella mañana nos reunimos varias madres para escuchar las palabras de Fern Nichols, quien fundó Madres Unidas para Orar Internacional (en ese entonces, Madres en Contacto) en 1984. Las poderosas palabras de Fern sobre la oración calaron hondo en mi corazón. Me fui de esa reunión profundamente conmovida al entender que la oración podía bendecir la vida de mis hijos. Podían hallar favor delante de sus maestros y desarrollar una relación con Cristo.

Mi hijo mayor estaba en primer grado. Asistía a una escuela sobre la cual no tenía ningún tipo de control y, ahora, por primera vez, podía tener el control de su día, sus amigos, sus lecciones o sus influencias. Con todas las noticias horrorosas que escuchamos y vemos que suceden en nuestras escuelas y que afectan la vida de nuestros hijos, estaba motivada a aprender más sobre cómo orar por ellos. Ni siquiera pensé en el hecho de que nunca había orado en voz alta o que nunca me habían enseñado a orar. Todo lo que pensé fue que mis hijos necesitaban que orara por ellos.

A través de nuestra oración bíblica e intercesora, el poder de Dios obra profundamente en la vida de aquellos por quienes oramos. Yo estaba desesperada por la intervención de Dios en la vida de mis hijos y sus escuelas. La primera vez que fui al grupo de Madres Unidas para Orar, las mujeres me recibieron afectuosamente. Aunque no oré en voz alta durante la hora que duró la reunión, me sentí aceptada. Cuando supe que seguiríamos cuatro simples pasos de oración, me sentí aliviada y empecé a perder la vergüenza. Podía sentir la presencia de Dios poderosamente en esa habitación mientras lo alabábamos; yo, en mi corazón, y las otras en voz alta con declaraciones de su Palabra, la Santa Biblia. Cada paso era tan poderoso como el primero. Después de la alabanza siguió un tiempo de silencio y confesión, luego de agradecimiento a Dios por la respuesta a la oración (¡eso sí era una fiesta del Espíritu Santo!) y después oraciones de las Escrituras y oraciones específicas por nuestros hijos y la escuela de cada niño.

· ·

A través de nuestra oración bíblica e intercesora, el poder de Dios obra profundamente en la vida de aquellos por quienes oramos.

· ·

Aunque nunca dije una palabra, sentí que Dios aliviaba mis cargas cuando le entregaba mis preocupaciones. Él reemplazó esas preocupaciones por su paz que sobrepasa todo entendimiento humano, como lo promete en Filipenses 4:6-7. La hora pasó volando. ¡Y supe que a la semana siguiente regresaría! Una gran paz llenó mi corazón, que aún conservo.

La influencia de las madres que oran

Dios empezó a inquietar nuestro corazón a orar por todos los niños, no solo por nuestros hijos. Y Él respondió nuestras oraciones de manera tan poderosa que, incluso la directora y los maestros no cristianos de la escuela de nuestros hijos, nos hacían peticiones de oración. La maestra de mi hijo escuchó que yo era parte de este grupo de oración y me pidió que oráramos por un alumno gravemente enfermo de su clase, que no se esperaba que pasara con vida de ese fin de semana. Nuestro grupo lo presentó en oración a nuestro Padre celestial. El lunes le pregunté a la maestra por ese alumno. ¡Y me dijo que se había curado milagrosamente! Me quedé pasmada; pero la ingeniera que hay en mí quería saber cómo, así que se lo pregunté. Todavía recuerdo la respuesta segura de la maestra: "¡Fueron sus oraciones!".

Cuando una subdirectora se fue a trabajar a otra escuela, me preguntó si podíamos empezar un grupo para su nueva escuela. En ese momento, ¡ella no conocía al Señor! Dios nos sorprendió y nos llenó de alegría una y otra vez. Durante esa primera reunión, cuando, al igual que infinidad de otras mujeres, me presentaron el reto de Fern y el llamado a orar por nuestros hijos supe que Dios estaba haciendo algo en mí. Pero no tenía idea de cuántos hechos milagrosos ocurrirían a través de la oración de madres de todas partes.

Hemos sido testigos de un avivamiento y una renovación espiritual en nuestra escuela primaria y las escuelas que nos rodean como fruto de las madres que se reúnen a orar. Hemos visto a alumnos y maestros cristianos alcanzar a sus universidades para Cristo y levantarse contra las tentaciones del mundo. Al poco tiempo, no solo estaba orando en voz alta, sino que Dios me estaba llamando a capacitar a mujeres de mi región para cambiar el temor, la preocupación y la ansiedad por el poder de la oración.

En 2008, Dios me llamó a abrir un centro de Madres Unidas para Orar Internacional para trabajar con mujeres de más de ciento cuarenta países. En las situaciones más graves y urgentes, he visto a Dios moverse a través de la oración de las mujeres que impactan a sus comunidades para Cristo. Las mujeres desesperadas pueden permanecer firmes cuando recuerdan que el Cristo que vive en ellas está deseoso de responder sus oraciones; pero tienen que pedírselo. Dios nos ha llamado para este día y esta hora cuando escuchamos noticias llenas de terror. Sin embargo, podemos permanecer no solo firmes, sino ser mujeres que toquen a otros con el poder de Cristo.

Las mujeres *desesperadas* pueden *permanecer firmes* cuando recuerdan que el *Cristo* que vive en *ellas* está *deseoso* de *responder* sus *oraciones*; pero tienen que *pedírselo*.

Durante 30 años he estudiado la Palabra de Dios y he declarado en oración la Palabra de Dios. He visto a Dios transformar vidas en todo el mundo. He visto la desesperanza, el temor, la ansiedad y la tragedia convertirse en esperanza, paz, poder y alabanza. Las mujeres abandonan la preocupación para ser guerreras de oración poderosas. Tienen la certeza de que Dios las ha escogido para vivir para Él en su poder, su fuerza y su abundancia. Las historias que leerás de mujeres del grupo de Madres Unidas para Orar son solo algunos ejemplos de lo que Dios está haciendo en respuesta a nuestras oraciones. Estas historias han tocado mi vida de una manera profunda y edificante, y han fortalecido mi fe. Mi oración es que también toquen tu vida y fortalezcan tu fe en Dios y su fidelidad.

No hay mayor aventura

En 2015, Fern Nichols estaba planificando retirarse de las operaciones diarias de Madres Unidas para Orar. Con la certeza de que todo lo puedo en Cristo que me fortalece (Fil. 4:13), acepté humildemente el pedido de Fern y la junta directiva de Madres Unidas para Orar de hacerme cargo del liderazgo del ministerio de oración internacional y ser la presidenta de Madres Unidas para Orar Internacional. Ahora sé, como lo sabía entonces, que no puedo hacer esto sola; confío en el poder de Cristo que me da el poder y la fortaleza para convocar a las mujeres a orar.

Poco después del anuncio, Fern y yo estuvimos en el programa radial del Dr. James Dobson. Recuerdo que él me preguntó si extrañaba la emoción de trabajar en el transbordador espacial. Pero realmente nada se compara a la emocionante aventura que estoy viviendo ahora al escuchar cómo Dios responde las oraciones y transforma vidas para Cristo. Esta es la aventura más emocionante que podría imaginar. ¡Qué gran privilegio ser parte de un ministerio que capacita y fortalece a mujeres de todo el mundo para que puedan permanecer firmes! Soy testigo de mujeres que se reúnen y cambian situaciones por medio de la oración: transforman sus vidas, la vida de sus hijos, sus escuelas y su tierra. ¿Qué podría ser más emocionante que eso? Otros podrían trabajar en el trasbordador espacial, ¡pero esto no me lo perdería por nada del mundo!

El secreto de una vida que permanece firme

Con este libro, Cyndie —mi coautora y anterior colaboradora de Madres Unidas para Orar Internacional— y yo queremos mostrar cómo implementar los cuatro pasos de oración para permanecer firmes en un mundo a veces trastornado. Cuando somos bombardeadas con noticias de terrorismo, amenazas de una caída de la bolsa y un aluvión de imágenes de los medios de comunicación e Internet, que van en contra de nuestros valores morales, parece imposible encontrar paz. ¿Es posible descansar en Jesucristo con la seguridad de que la promesa de Romanos 8:28 —que todas las cosas nos ayudan a bien— es verdad? ¿Podemos realmente permanecer firmes?

¡Sí! Podemos permanecer firmes e inquebrantables en nuestra fe ante cualquier cosa que el mundo, la vida y nuestros propios temores nos presenten. El secreto se encuentra en el Salmo 16:8 (LBLA): "Al Señor he puesto continuamente delante de mí; porque está a mi diestra, permaneceré firme". Acompáñanos en esta aventura que cambia vidas para ver cómo implementar los cuatro pasos de la oración —alabanza, confesión, acción de gracias e intercesión— en nuestra vida diaria. Cuando crecemos en nuestra relación con Cristo a través de la oración, empezamos a desarrollar una vida de paz, esperanza y seguridad; una vida que puede permanecer firme a pesar del caos que haya a nuestro alrededor. Cuando profundizas tu vida de oración, puedes ver cómo Dios transforma no solo tu propia vida, sino la vida de tu familia y la de aquellos que te rodean.

· ·

¡Sí! Podemos permanecer firmes e inquebrantables
en nuestra fe ante cualquier cosa que el mundo, la
vida y nuestros propios temores nos presenten.

· ·

Para que aprendas a permanecer firme

En este libro, Cyndie y yo daremos a conocer verdades bíblicas y consejos prácticos, así como historias de mujeres de todo el mundo que han descubierto el secreto de permanecer firmes y no flaquear a través del poder de Cristo. A lo largo de este libro encontrarás páginas con citas textuales, que te animarán mientras aprendes a permanecer firme. Puedes sacarle una foto a alguna de las citas con tu teléfono celular para que puedas volver a leerla durante el día, enviársela por texto a una amiga que necesite aliento o compartir en las redes sociales (#unshaken). También puedes sacar una fotocopia de la página con esa cita y pegarla en la puerta de tu refrigerador, en el espejo de tu baño o en una pared de tu oficina.

En la parte dos de este libro encontrarás "Un minuto de enseñanza" con consejos sabios de Fern Nichols, fundadora de Madres Unidas para Orar Internacional. Sabemos que su sabiduría bendecirá tu proceso de aprendizaje y te animará en cada momento de tu vida.

Juntas estudiaremos cómo permanecer firmes cuando sucede lo peor por medio de algunas de nuestras historias personales: cuando vemos la vida de un niño apagarse a causa de una enfermedad, cuando experimentamos problemas financieros por la devastadora pérdida de un empleo, cuando vivimos con la angustia de un ser amado que está en la cárcel. Descubriremos verdades que nos ayudarán a aferrarnos a la esperanza cuando la vida parece demasiado difícil de sobrellevar. Nuestro deseo es que las preguntas para la reflexión, que pueden usarse de manera individual o como un estudio bíblico grupal, hagan que las verdades de las Escrituras arraiguen en tu vida y te ayuden a fijar tus ojos en Cristo, para que puedas recibir su paz en tu corazón y permanecer firme aun en medio de las situaciones más desesperantes.

1

Permanece firme en un mundo en caos

En Dios solamente está acallada mi alma; de él
viene mi salvación. Él solamente es mi roca y mi
salvación; es mi refugio, no resbalaré mucho.

SALMO 62:1-2

*P*etrificada, la joven respondió al llamado. Sin la guía de una madre ni un padre, se esmeraba en escuchar a su piadoso tutor, que le decía que se animara y diera ese paso de fe; pero ella estaba asustada. ¿Por qué ella? ¿Por qué ahora? ¿Y si fuera la elegida?

El premio por ganar ese certamen de belleza era más que una corona: era todo un reino. Y la joven Ester no estaba segura de querer ganar. Después de todo, terminaría casada con un hombre que conocía solo por las historias inquietantes que había escuchado por ahí: ¡historias de un rey que había repudiado a su esposa por no presentarse cuando él la había mandado a llamar! Sin embargo, la bella joven confió en Dios y siguió el camino que Él le había trazado. Al momento de obedecer sin mucha convicción, no tenía idea de que esa sola acción finalmente salvaría a su pueblo de una posible extinción.

"¿Y quién sabe si para esta hora has llegado al reino?", la animó Mardoqueo, su primo y tutor (Est. 4:14). Dios ayudó a Ester, que probablemente tenía la edad de una muchacha de primer año de escuela secundaria, a permanecer firme y dar un paso de fe y valor para salvar a su pueblo. Ester le dijo a Mardoqueo: "Ve y reúne a todos los judíos que se hallan en Susa, y ayunad por mí, y no comáis ni bebáis en tres días, noche y día; yo también con mis doncellas ayunaré igualmente, y entonces entraré a ver al rey, aunque no sea conforme a la ley; y si perezco, que perezca" (v. 16).

¿Leíste eso? "Si perezco, que perezca". Mientras estaba decidida frente a la incertidumbre, el tormento y la posible muerte, Ester no tenía dudas de lo que estaba en juego. ¿Cómo puede una joven desarrollar semejante fortaleza interior? ¿Cómo pudo permanecer firme? ¿Cuál fue la fuerza que la ayudó a perseverar aun frente a su posible muerte y la de su pueblo?

Su tutor, Mardoqueo, probablemente la educó sobre la base de los principios presentados en Deuteronomio 6:5-7: "Y amarás a Jehová tu Dios de todo tu corazón, y de toda tu alma, y con todas tus fuerzas. Y estas palabras que yo te mando hoy, estarán sobre tu corazón; y las repetirás a tus hijos, y hablarás de ellas estando en tu casa, y andando por el camino, y al acostarte, y cuando te levantes".

Aunque Ester era huérfana, su tutor debió haberle inculcado tan fuertemente dichos principios que, en ese momento crucial de la historia, ella se convirtió en una bella representación del Salmo 16:8 (LBLA): "Al Señor he puesto continuamente delante de mí; porque está a mi diestra, permaneceré firme".

Sin duda, Ester tenía puestos sus ojos en el Señor y meditaba en las promesas y atributos de Dios. Tan pronto como ponemos los ojos en nuestro Padre celestial, los problemas terrenales parecen insignificantes comparados con su poder. Para Ester, sus problemas no eran menudencias. Estaba enfrentando un dilema desesperante de envergadura catastrófica. ¿Y qué hizo ella? Ayunó, y convocó a otros a ayunar con ella.

Pon tus ojos en Dios

¿Qué hacemos la mayoría de nosotras cuando estamos estresadas? Sí, así es. "Se nos antoja toda clase de dulces". Sin embargo, la joven Ester no les pidió a sus amables asistentes que le trajeran algún sabroso bocado dulce. No se zambulló en un tarro de helado o empezó a revolver todo para encontrar una tableta o confites de chocolate. No se hundió en un sillón y pidió una copa de vino. Hizo todo lo contrario: ayunó.

························

Tan pronto como ponemos los ojos en nuestro Padre celestial, los problemas terrenales parecen insignificantes comparados con su poder.

························

El propósito de ayunar es poner en Dios toda la atención que le damos a la comida. Imagina si hiciéramos eso cada vez que estamos estresadas. Imagina si en vez de acomodarnos en el sillón con nuestra serie de televisión favorita y un enorme tazón de helado con cobertura de caramelo, nos sentáramos con nuestra Biblia, derramáramos nuestro corazón delante de nuestro sabio Dios y dejáramos que Él nos hablara a través de su Palabra infalible. Imagina la paz que tendríamos en nuestro corazón si llamáramos a una amiga y oráramos juntas por teléfono. O qué pequeños parecerían nuestros problemas si empezáramos a orar y siguiéramos decididamente estos cuatro pasos de oración: alabanza, confesión, acción de gracias e intercesión.

Como descubrirás en este aprendizaje, cuando miramos nuestros problemas a la luz de quién es Dios, ¡nuestro estrés, una vez enorme, empieza a disminuir en comparación al tamaño de nuestro inmenso Dios! Si cada día nos esforzamos por poner los ojos en nuestro Creador, entonces, cuando las dificultades y las situaciones estresantes lleguen violentamente a nuestra vida, buscaremos al Señor en oración como nuestra primera respuesta, no como nuestro último recurso.

Al Señor he puesto continuamente delante de mí; porque está a mi diestra, permaneceré firme. Por tanto, mi corazón se alegra y mi alma se regocija; también mi carne

morará segura, pues tú no abandonarás mi alma en el
Seol, ni permitirás a tu Santo ver corrupción. Me darás
a conocer la senda de la vida; en tu presencia hay plenitud de gozo; en tu diestra, deleites para siempre (Sal.
16:8-11, LBLA).

La "diestra" estaba reservada para el lugar de honor. Aun en tiempos de fuertes tensiones, cuando ponemos primero a Dios, Él alegra
nuestro corazón y nos llena de gozo en su presencia. Y mira el resultado en el versículo 11. Él nos da "a conocer la senda de la vida".

....

Si cada día nos esforzamos por poner los
ojos en nuestro Creador, entonces, cuando las
dificultades y las situaciones estresantes lleguen
violentamente a nuestra vida, buscaremos
al Señor en oración como nuestra primera
respuesta, no como nuestro último recurso.

....

Aférrate con confianza

Hemos visto mujeres permanecer firmes en más de ciento
cuarenta países; algunas frente a un enorme peligro para ellas
y sus familias. Un día, en la sede de Madres Unidas para Orar
Internacional, recibimos una llamada de una líder de grupo sorprendentemente tranquila, para ponernos en conocimiento de que
ISIS estaba invadiendo su tierra y que ella estaba emigrando con
su familia a un lugar más seguro. Esta madre se aferró a las verdades que había aprendido a través de los poderosos cuatro pasos de
oración (que veremos más adelante en la parte dos). Ella tenía certeza de que Dios los guiaría a ella y a su familia. Aunque el enemigo
estaba acechando su vida, ella permaneció firme.

¿Puedes imaginar el temor que pudo haberla paralizado? Sin embargo, permaneció confiada en el poder de Cristo que le ayudaría a vencer. La mayoría de nosotras probablemente nunca enfrentamos lo mismo que Ester o lo que esta guerrera de oración soportó al escapar de ISIS. Sin embargo, cada día tenemos oportunidades de recordar que necesitamos permanecer firmes en Cristo.

Para mí (Cyndie), ver a mi hermana Cathy Chan estar fuerte ante cada noticia devastadora de un problema de salud tras otro de su esposo y su nietecita recién nacida fue angustiante y a la vez inspirador. Ella es una de las mujeres que me presentó Madres Unidas para Orar y me ayudó a comenzar mi primer grupo de oración. Y ahora, que nos permite valientemente a amigos y familiares atravesar las tormentas junto a ella, es un gran ejemplo de una vida que permanece firme, con sus ojos puestos en el Señor.

"En Dios solamente está acallada mi alma"

Para Cathy, la amenazante posibilidad de una muerte en su familia era abrumador. La angustia se podía palpar, sin embargo, ella acudió a Dios con una fe inquebrantable y meditó en el Salmo 62:1-2 varias veces al día: "En Dios solamente está acallada mi alma; de él viene mi salvación. Él solamente es mi roca y mi salvación; es mi refugio, no resbalaré mucho".

Una y otra vez, junto a otras madres, Cathy había sido testigo del poder de la oración cuando le presentaban al Señor las preocupaciones sobre la escuela pública y los adolescentes susceptibles a navegar por fuertes tormentas de tentaciones y dramas. Entonces se aferró a esos mismos principios de oración.

Después de una cirugía a corazón abierto, Dickson, el esposo de Cathy, fue autorizado, en cierta manera milagrosamente, a someterse a un trasplante de riñón. El comerciante y padre de cuatro varones necesitaba encontrar un riñón compatible. Débil y sin alejarse demasiado de su máquina para diálisis, Dickson pronto descubrió que el Creador del universo había estado preparando su nuevo riñón desde que era un niño y vivía en Brasil. Nadie hubiera imaginado jamás que, un día, su amigo de la infancia, Dave Santos, el hijo de unos misioneros caucásicos, tendría el riñón perfectamente compatible para Dickson. Dave era un inmigrante chino que había ido a vivir a Brasil y después a los Estados Unidos. Dos años después del trasplante, Dickson y "Dave, el donante" están excelentemente bien, gracias a Dios, que misericordiosamente respondió las oraciones de amigos de todo el mundo.

Lamentablemente, la posibilidad de perder a su esposo y de ver su salud deteriorarse mientras iban de una cita médica a la otra no fue la única oportunidad que tuvo Cathy de aferrarse a las promesas de Dios. Su nieta, la bebé de su hijo mayor, nació antes de la fecha, bañado en oración. Dado que su condición de prematura requería que le hicieran varios exámenes, le descubrieron tempranamente una retinoblastoma, un raro y a menudo fatal tumor de la retina. La dulce y pequeña Ruby y sus padres a menudo conducían dos horas cada vez que iban a consultar a un especialista que vigilaba de cerca el cáncer y trataba agresivamente cualquier nuevo tumor que creciera.

Poco después del trasplante de Dickson, su padre murió de repente. Fue un año que haría desfallecer a cualquiera. En el dolor y la angustia estrecharon un fuerte vínculo con la familia Chan. Como declara 2 Corintios 4:8: "Estamos atribulados en todo, mas no angustiados; en apuros, mas no desesperados". Algunos versículos después, Pablo continúa con palabras de mucho aliento. "Por tanto, no desmayamos; antes aunque este nuestro hombre exterior se va desgastando, el interior no obstante se renueva de día en día. Porque esta leve tribulación momentánea produce en nosotros un cada vez más excelente y eterno peso de gloria; no mirando nosotros las cosas que se ven, sino las que no se ven; pues las cosas que se ven son temporales, pero las que no se ven son eternas" (2 Co. 4:16-18).

Seguir el ejemplo de Pablo a los corintos no es simple o fácil. Algunos días son más difíciles que otros. Y eso es cuando ponemos nuestros ojos en Dios, el autor y consumador de nuestra fe (He. 12:2).

Espera y observa con expectativa

Las oraciones llenas de fe de la familia Chan son notables en la vida de Rock, el hermanito mayor de Ruby. Con apenas cinco años, es todo un guerrero de oración. Cathy y Dickson disfrutan pasando tiempo con Rock cuando sus padres llevan a la pequeña Ruby a sus citas con el oncólogo a un par de horas de distancia. Cathy contó esta historia que ilustra magníficamente el poder de transmitir la necesidad de orar a la siguiente generación. Esto también nos sirve como un agradable recordatorio de la necesidad de esperar y observar con expectativa, esperanza y confianza inquebrantables a que Dios responda nuestras oraciones.

Siempre que llevamos de paseo a nuestro querido nieto, le digo: "Oye, Rock, el abuelo y yo te vamos a llevar de paseo al muelle. Espero que podamos ver algunos delfines".

Inmediatamente, Rock empieza a orar de corazón: "Jesús, te pido que hoy podamos ver tu hermosa creación. Nos encantaría ver tus delfines y quizás ballenas. Tú has creado tantas bellas criaturas y nos gustaría mucho poder verlas hoy".

Cuando estacionamos el auto, él vuelve a orar: "Jesús, llegó el momento. Ya estamos aquí, así que puedes abrir la puerta y dejar que salgan".

Cuando llegamos a la playa y empezamos a caminar por el muelle, él hace otra oración y dice: "Jesús, tú hiciste las hermosas criaturas del mar. Nos encantaría ver un desfile de delfines. Estamos listos para verlos". De modo que, desde luego, yo empiezo a orar para que él no se desilusione y a pensar qué vamos a hacer si eso llega a pasar; pero no dejo de mirar el horizonte y rogarle a Dios que nos conceda el deseo de ver un delfín.

Entonces veo algo que chapotea en el agua más allá de las olas y se lo menciono a Rock. Todos miramos y, sí, es un delfín. Después vemos algunos delfines. Y, finalmente, no te engaño, cuando llegamos al final del muelle, ¡vemos un desfile completo de delfines!

Al menos hay siete delfines en línea y no solo están nadando, no, ¡están actuando! ¡Están saltando y dando vueltas en el aire!

Rock inmediatamente ora: "Gracias Jesús, por el desfile de delfines. Gracias por crearlos. Gracias por las hermosas criaturas del océano".

Yo me quedo perpleja. La fe de un niño pequeño nos enseña mucho. En ese mismo momento, oro en mi corazón: "Gracias, Jesús, por hacerte presente en el muelle hoy. Gracias por la belleza de tu creación y por nuestro nieto de cinco años fabulosamente espiritual, por las nuevas fuerzas de Dickson, por la belleza del océano y por tu espléndido crepúsculo. Gracias por poner gozo en nuestro corazón. Gracias por la respuesta a las oraciones. Gracias por el espectáculo de delfines. *Nunca* olvidaré este día".

Dios no solo respondió las oraciones del corazón de este niño pequeño, sino que lo hizo "mucho más abundantemente de lo que pedimos o entendemos", como dice Efesios 3:20. Tal vez, en este momento, Dios esté obrando en secreto de manera poderosa en tu vida y esté haciendo cosas que jamás imaginaste. Pero, mientras tanto, Él se deleita en darnos "besos en las mejillas"; una descripción de Fern Nichols, fundadora de Madres Unidas para Orar Internacional, de los gestos tiernos que Dios tiene con nosotras para animarnos en medio de las pruebas que parecen no tener fin. Sin embargo, nos perdemos esos tiernos "besos" porque no estamos expectantes. Este hermanito mayor de una pequeña paciente de cáncer esperaba ver una vislumbre de la bondad de Dios. Y nuestro amoroso Creador se hizo presente y obró de manera espectacular.

¿Quieres permanecer firme?

Tanto Cathy como la reina Ester tenían temor y preocupaciones reales. Pero, cuando pusieron sus ojos en el Señor y no en sus circunstancias terrenales, Dios les dio su poderosa combinación de fortaleza, paz, sabiduría y claridad. Él ayudó a cada una a permanecer firmes y decididas frente a la muerte.

Tal vez *en este momento*,
Dios esté obrando en secreto de
manera poderosa en tu vida,
haciendo cosas que
jamás imaginaste.

¿Quieres permanecer firme? Piensa en esa difícil oración que te hace un nudo en el estómago y te estruja el corazón. Dios puede responderla de manera inesperada y mejor de lo que podrías haber diseñado tú si trataras de resolver las cosas por tus propios medios. Descansa en la verdad de Efesios 3:20-21:

> Y a Aquel que es poderoso para hacer todas las cosas mucho más abundantemente de lo que pedimos o entendemos, según el poder que actúa en nosotros, a él sea gloria en la iglesia en Cristo Jesús por todas las edades, por los siglos de los siglos. Amén.

Vamos a explorar juntas cómo podemos usar los principios de Filipenses 4:4-9 para cambiar el temor y la ansiedad agobiantes por la inexplicable paz de Dios.

> Regocijaos en el Señor siempre. Otra vez digo: ¡Regocijaos! Vuestra gentileza sea conocida de todos los hombres. El Señor está cerca. Por nada estéis afanosos, sino sean conocidas vuestras peticiones delante de Dios en toda oración y ruego, con acción de gracias. Y la paz de Dios, que sobrepasa todo entendimiento, guardará vuestros corazones y vuestros pensamientos en Cristo Jesús. Por lo demás, hermanos, todo lo que es verdadero, todo lo honesto, todo lo justo, todo lo puro, todo lo amable, todo lo que es de buen nombre; si hay virtud alguna, si algo digno de alabanza, en esto pensad. Lo que aprendisteis y recibisteis y oísteis y visteis en mí, esto haced; y el Dios de paz estará con vosotros.

Estas palabras salieron de la pluma de Pablo, quien no dejaba de regocijarse, ser bondadoso, orar y mantener sus pensamientos en Cristo. Aunque naufragara, estuviera preso y en peligro de muerte, Pablo no se dejaba llevar por la ansiedad y la preocupación. En cambio, le abría su corazón a Dios en oración y en acción de gracias. Y ¿cuál era el resultado? Una paz que los simples seres humanos no podemos comprender. Cuando ponemos la fe y la confianza en nuestro Padre celestial y le permitimos tomar el control de nuestra vida, Él se lleva nuestra preocupación y pone paz en nuestro corazón; un corazón que puede permanecer firme e inquebrantable.

En los próximos capítulos veremos los cuatro pasos de la oración y cómo podemos, de manera práctica, entregarle nuestra ansiedad, nuestros temores y nuestras preocupaciones a Dios y permitir que reemplace esas emociones con su paz, que realmente "sobrepasa todo entendimiento".

· ·

Cuando ponemos la fe y la confianza en nuestro Padre celestial y le permitimos tomar el control de nuestra vida, Él se lleva nuestra preocupación y pone paz en nuestro corazón; un corazón que puede permanecer firme e inquebrantable.

· ·

Parte 2

Ora por un fundamento firme

2

Experimenta el poder de la alabanza

Estad quietos, y conoced que yo soy Dios; seré exaltado
entre las naciones; enaltecido seré en la tierra.

SALMO 46:10

¿Te palpita el corazón de preocupación? ¿Te atormenta tan solo pensar "qué pasa si…"? ¿Se te hace un nudo en el estómago frente a un problema que te abruma? ¿Te sientes agobiada por el dolor de una herida emocional? Trata de quitar tus ojos de los problemas y ponerlos en Aquel que puede solucionarlos. Fíjate qué sucede cuando fijas tus ojos en tu Padre celestial, que todo lo sabe y todo lo conoce; que es digno de confianza, fiel, tierno y compasivo; que es nuestro Salvador, nuestro Consejero, nuestro Proveedor, nuestro Maestro, nuestro Dueño y Señor. De repente, nuestros problemas no parecen tan grandes comparados con la inmensidad del Dios al que servimos, el Dios que nos ama y nos hace parte de su familia. Cuando empieces a alabar a Dios, su presencia, su poder y su paz te cambiarán para siempre.

Si apenas surja una dificultad empezamos a alabar a Dios, eso nos ayudará a cumplir su mandato.

Si, pues, habéis resucitado con Cristo, buscad las cosas
de arriba, donde está Cristo sentado a la diestra de Dios.

Poned la mira en las cosas de arriba, no en las de la tierra. Porque habéis muerto, y vuestra vida está escondida con Cristo en Dios (Col. 3:1-3).

¿Y recuerdas qué dice el Salmo 16:8 que sucede cuando pones tus ojos en el Señor?: "Permaneceré firme".

> Cuando empieces a alabar a Dios,
> su presencia, su poder y su paz te
> cambiarán para siempre.

Cuando la mayoría de las personas piensa en orar a Dios, piensa en entregarle una larga lista de peticiones y rogarle que las bendiga y les conceda un "sí" a cada uno de sus deseos. Pero la oración es mucho más que eso. La oración es la manera de desarrollar una profunda relación de amor con nuestro Padre celestial para que, cuando lleguen los problemas, podamos permanecer firmes y mantener nuestros ojos en Él. Podemos confiar en Él y saber que Él nos ama y promete usar todas las cosas para nuestro bien.

En los cuatro pasos de oración, presentar nuestras peticiones e interceder en oración por otros constituyen el último paso. De manera que primero podemos pasar tiempo fortaleciendo nuestra relación con el Señor y preparando nuestros corazones para escuchar la dirección del Espíritu Santo, hasta saber que llegó el momento de interceder. Podríamos acercarnos al Señor en oración por un problema o una situación estresante, pero si primero lo alabamos nuestros pensamientos se reordenarán. Tan pronto como empezamos a alabar a Dios, nuestros pensamientos cambian. Recordamos que le estamos entregando el problema a Dios, el Creador de todo el universo. ¡Por supuesto que Él se puede hacer cargo de nuestro problema!

Usemos las Escrituras para alabar a nuestro Creador

La Biblia está repleta de versículos que describen el carácter y los atributos de Dios que inspiran reverencia y respeto, y a través de esos pasajes de las Escrituras aprendemos a alabar a Dios por quién es Él, por sus nombres, sus atributos y su carácter. Piensa en el primer versículo de la Biblia: "En el principio creó Dios los cielos y la tierra" (Gn. 1:1). Con el aliento de sus palabras, nuestro Padre celestial creó con amor cada estrella, cada planeta y cada galaxia. Los ubicó y les puso nombre. Sin embargo, el Creador del universo también cuida cada detalle de nuestras vidas. Él es mucho más grande que cualquier situación que estemos enfrentando y su amor es mucho más grande que nuestros temores.

¿Alguna vez sentiste como si la tierra se abriera bajo tus pies y te tragara en medio de una tormenta con violentas olas que arrecia sobre ti? ¿Sientes la asfixia del estrés, la agonía o la pena? Dedica un momento a digerir las verdades del Salmo 46. Al meditar en este pasaje, considera qué nos dice Dios en medio de la tormenta.

Salmo 46

Dios es nuestro amparo y fortaleza,
Nuestro pronto auxilio en las tribulaciones.
Por tanto, no temeremos, aunque la tierra sea
    removida,
Y se traspasen los montes al corazón del mar;
Aunque bramen y se turben sus aguas,
Y tiemblen los montes a causa de su braveza.
Del río sus corrientes alegran la ciudad de Dios,
El santuario de las moradas del Altísimo.
Dios está en medio de ella; no será conmovida.
Dios la ayudará al clarear la mañana.
Bramaron las naciones, titubearon los reinos;
Dio él su voz, se derritió la tierra.
Jehová de los ejércitos está con nosotros;
Nuestro refugio es el Dios de Jacob.

Venid, ved las obras de Jehová,
Que ha puesto asolamientos en la tierra.
Que hace cesar las guerras hasta los fines de la tierra.
Que quiebra el arco, corta la lanza,
Y quema los carros en el fuego.
Estad quietos, y conoced que yo soy Dios;
Seré exaltado entre las naciones; enaltecido seré en
la tierra.
Jehová de los ejércitos está con nosotros;
Nuestro refugio es el Dios de Jacob.

¿Entendiste qué debemos hacer en las situaciones estresantes?: "Estad quietos, y conoced que yo soy Dios". La Palabra no dice que debemos ayudar a Dios de alguna manera, sino solo recordar que Él es nuestro amparo y nuestra fortaleza, nuestro pronto auxilio en las tribulaciones. ¡Él quiere que descansemos en el hecho de que Él es Dios! Que este conocimiento te invada y te libre del estrés. El Salmo 46 es una bella descripción de lo que debemos hacer cuando estamos a punto de desmayar. Recuerda los atributos, el carácter y los nombres de Dios, que nos ayudan a dejar de mirar las tormentas, las dificultades y las frustraciones que nos asedian y en cambio poner nuestra mirada en nuestro poderoso Señor, que nos dice "estad quietos". ¿No te bendice ese último versículo? "Jehová de los ejércitos está con nosotros; nuestro refugio es el Dios de Jacob".

Durante los tiempos de angustia debemos alabar deliberadamente a nuestro Padre celestial. En Lamentaciones 3 solemos concentrarnos en la misericordia y la compasión de Dios que se renuevan cada mañana, pero el capítulo está lleno de dolor y angustia. Aquí hay un fragmento.

Lamentaciones 3:19-26

Acuérdate de mi aflicción y de mi abatimiento, del ajenjo y de la hiel; lo tendré aún en memoria, porque mi alma está abatida dentro de mí; esto recapacitaré en mi corazón, por lo tanto esperaré. Por la misericordia de Jehová no hemos sido consumidos, porque nunca decayeron sus misericordias. Nuevas son cada mañana; grande es tu fidelidad. Mi porción es Jehová, dijo mi alma; por tanto, en él esperaré. Bueno es Jehová a los que en él esperan, al alma que le busca. Bueno es esperar en silencio la salvación de Jehová.

A pesar de la aflicción y la amargura del autor, él declara con determinación: "Esto recapacitaré en mi corazón, por lo tanto esperaré". Recuerda quién es Dios: sus atributos, su carácter y sus bendiciones. Y luego cambia sus pensamientos de angustia por pensamientos de esperanza. "Bueno es Jehová a los que en él esperan, al alma que le busca". Cuando la vida parece girar descontroladamente a nuestro alrededor, podemos pararnos sobre esta verdad: *Dios es bueno.*

· ·

La Palabra no dice que debemos ayudar a Dios de alguna manera, sino solo recordar que Él es nuestro amparo y nuestra fortaleza, nuestro pronto auxilio en las tribulaciones. ¡Él quiere que descansemos en el hecho de que Él es Dios!

· ·

Veamos un pasaje más que nos muestra la determinación de alabar a Dios; especialmente en tiempos de intensa dificultad.

Habacuc 3:17-19

Aunque la higuera no florezca, ni en las vides haya frutos, aunque falte el producto del olivo, y los labrados no den mantenimiento, y las ovejas sean quitadas de la majada, y no haya vacas en los corrales; con todo, yo me alegraré en Jehová, y me gozaré en el Dios de mi salvación. Jehová el Señor es mi fortaleza, el cual hace mis pies como de ciervas, y en mis alturas me hace andar.

Imagina que no hay de dónde sacar alimentos. Las tiendas de comestibles y los mercados están completamente vacíos. Tienes hambre. Tu familia tiene hambre. Tu comunidad tiene hambre. Pero dejas de mirar tu problema y pones tu mirada en Aquel que puede resolver tu problema. Entonces declaras: "Yo me alegraré en Jehová, y me gozaré en el Dios de mi salvación. Jehová el Señor es mi fortaleza".

Dios, nuestro refugio en todo el mundo

Cuando (Sally) me siento en mi escritorio, nunca sé de qué lugar del mundo voy a recibir un correo electrónico o una carta. Con gran expectativa, espero lo que Dios tiene preparado para nosotras cada día mientras leemos cómo Dios está respondiendo oraciones alrededor del mundo. A través de las historias de su pueblo, Él nos sigue enseñando a mantener nuestros ojos en Él, especialmente, en medio del temor.

Una de nuestras líderes de grupo de Madres Unidas para Orar Internacional envió una historia de su victoria en Cristo. Su ciudad había recibido la noticia de la llegada de tanques rusos a suburbios de Ucrania donde apuntaban con sus armas a los comerciantes y les disparaban. Esta líder de grupo y sus hermanas de oración tenían comercios. Mientras los tanques enemigos circulaban por las calles, ella se sintió tentada a empacar sus pertenencias y escapar con su familia a las colinas. Sin embargo, sintió que Dios la llamaba a orar en vez de huir. Ella y sus hermanas habían aprendido a seguir los cuatro pasos de oración, y empezaron a alabar a Dios. Estas mujeres atemorizadas empezaron a alabar tímidamente, pero después lo alabaron con denuedo por quién es Él, reconocieron su poder y recordaron que Él cuidaba de sus vidas. ¿Sabes qué pasó? Fueron libres del enemigo del temor y permanecieron firmes e inquebrantables al experimentar la paz de Dios y su protección física.

Otra mujer contó que mientras viajaba por su país en África para enseñar a mujeres a orar, fue testigo del poder de la alabanza. Un grupo de madres y niños estaba viviendo en un basural para sobrevivir después que guerrilleros brutales asesinaran a sus esposos. Esta mujer quería hacer algo por estas familias. Aunque deseaba poder brindarles los recursos que necesitaban para darles un pronto alivio de sus circunstancias, lo que tenía para ofrecerles era el regalo de la oración. Pero ella no solo oró por estas familias huérfanas, sino que les enseñó a orar. Al año siguiente, cuando volvió a ver cómo estaban, se sorprendió al descubrir que ya no vivían en el basural, sino en apartamentos. Cuando aprendieron a alabar a Dios por su poder, su amor, su gracia y su bondad, empezaron a creer que Él podía sacarlas del basural y darles una casa. ¡Y Él lo hizo! La mujer que les hizo el regalo de la oración quedó sorprendida por su fe. Estas mujeres le dijeron con toda seguridad que creían que Jehová Jireh, Dios nuestro Proveedor, podía darles un hogar para sus familias. Dejaron de mirar su situación aparentemente imposible y empezaron a alabar a Aquel que puede hacer posible lo imposible.

Un minuto de enseñanza con Fern

Para confiar más en el Señor, necesitamos conocerlo mejor. "En ti confiarán los que conocen tu nombre" (Sal. 9:10). Cuando alabamos a Dios por sus atributos, podemos conocer más profundamente quién es Él. Conocerlo es más que acumular conocimientos sobre Él; conocerlo es experimentar su presencia en nuestra vida diaria a la luz de quién ha revelado ser. Cuando llegan los momentos de adversidad, sufrimiento, pruebas, decepciones, quebrantamiento y decisiones difíciles, podemos "acudir" al Dios que conocemos.

La alabanza es nuestra arma más poderosa contra la incredulidad. La alabanza disipa las mentiras del enemigo, que está siempre trabajando duramente para tratar de desacreditar nuestro concepto de quién es Dios. Cuando alabamos, ¡el enemigo huye!

Lucha contra el enemigo por medio de la alabanza

Una de nuestras historias favoritas sobre la alabanza es la del rey Josafat de Judá, que se encuentra en 2 Crónicas 20. Esta es una de esas historias del Antiguo Testamento que te dejan con la boca abierta. Tienes que volver a leerla para estar segura de que realmente entendiste el milagro que Dios hizo a través de la alabanza. ¿Quieres ganar una batalla solo alabando a Dios? ¡Fíjate qué pasó en esta historia!

Cuando el rey Josafat se enteró de que, no uno ni dos, sino *tres* fieros ejércitos estaban yendo para atacar a Judá, ¿sabes qué hizo? "Entonces él tuvo temor; y Josafat humilló su rostro para consultar a Jehová, e hizo pregonar ayuno a todo Judá. Y se reunieron los de Judá para pedir socorro a Jehová; y también de todas las ciudades de Judá vinieron a pedir ayuda a Jehová" (vv. 3-4). Cuando se reunieron todos, el rey no hizo alarde de su ejército, no habló de sus proezas militares ni discutió un plan militar. En cambio, permaneció firme delante de todo Judá y oró en voz alta a Dios:

> Jehová Dios de nuestros padres, ¿no eres tú Dios en los cielos, y tienes dominio sobre todos los reinos de las naciones? ¿No está en tu mano tal fuerza y poder, que no hay quien te resista? Dios nuestro, ¿no echaste tú los moradores de esta tierra delante de tu pueblo Israel, y la diste a la descendencia de Abraham tu amigo para siempre? Y ellos han habitado en ella, y te han edificado en ella santuario a tu nombre, diciendo: Si mal viniere sobre nosotros, o espada de castigo, o pestilencia, o hambre, nos presentaremos delante de esta casa, y delante de ti (porque tu nombre está en esta casa), y a causa de nuestras tribulaciones clamaremos a ti, y tú nos oirás y salvarás (vv. 6-9).

El rey empezó con alabanza. Pero eso no fue todo. No tenía dudas de que Dios lo escucharía y los salvaría. Después de alabar y dar gracias a Dios, le presentó su petición:

Ahora, pues, he aquí los hijos de Amón y de Moab, y los del monte de Seir, a cuya tierra no quisiste que pasase Israel cuando venía de la tierra de Egipto, sino que se apartase de ellos, y no los destruyese; he aquí ellos nos dan el pago viniendo a arrojarnos de la heredad que tú nos diste en posesión. ¡Oh Dios nuestro! ¿no los juzgarás tú? Porque en nosotros no hay fuerza contra tan grande multitud que viene contra nosotros; no sabemos qué hacer, y a ti volvemos nuestros ojos (vv. 10-12).

¡Esa última oración sí que es admirable! "Oh Dios... no sabemos qué hacer, y a ti volvemos nuestros ojos". Cuando tenemos problemas en el trabajo, la familia, los estudios, la salud y estamos pasando por una situación aterradora como las mujeres de Ucrania y África y recordamos quién es Dios, podemos levantarnos en alabanza con toda seguridad y declarar, como Josafat, "Oh Dios... no sabemos qué hacer, y a ti volvemos nuestros ojos".

Ahora fíjate en la respuesta de Dios al rey... y a nosotras: "No temáis ni os amedrentéis delante de esta multitud tan grande, porque no es vuestra la guerra, sino de Dios" (v. 15). ¿No te bendice saber eso? ¿Qué situación estás enfrentando hoy? Esa batalla no es tuya; es de Dios. Empieza a alabar a Dios por quién es Él, ¡luego descansa en el hecho de que el Creador del universo se hará cargo de tu problema!

Dios le dijo a Josafat y a su ejército pequeño en comparación: "No habrá para qué peleéis vosotros en este caso; paraos, estad quietos, y ved la salvación de Jehová con vosotros. Oh Judá y Jerusalén, no temáis ni desmayéis; salid mañana contra ellos, porque Jehová estará con vosotros" (v. 17).

Cuando recordamos
quién es Dios podemos
levantarnos en *alabanza*
con toda seguridad y declarar,
como Josafat: "Oh Dios…
no sabemos *qué hacer*, y a ti
volvemos nuestros ojos".

Alaba con cada parte de tu ser

¿Cuál es nuestro deber? Descansar en completa fe en nuestro Dios Todopoderoso, el Creador del universo, nuestro Salvador y Defensor. Dios dice, básicamente: "Yo me encargo de pelear esta batalla, gracias ¿Y tú? Tú solo descansa y confía en mí". Después que Dios le dio a conocer su plan, el rey y todos los moradores de Judá y Jerusalén "se postraron delante de Jehová, y adoraron a Jehová" (v. 18). Algunos levitas "se levantaron… para alabar a Jehová el Dios de Israel con fuerte y alta voz" (v. 19).

Lo primero que podrías notar es que *no* se desesperaron. Tres ejércitos enemigos, que los superaban totalmente en número, venían a pelear contra ellos. Pero ¿qué hicieron? Alabaron y oraron a Dios. Su alabanza no era solo de labios. Se postraron en adoración y se levantaron en alabanza. Y mientras alababan a Dios, Él los llenó de su paz.

Ahora fíjate que nosotras tenemos la ventaja de leer y saber qué sucedió. Pero ellos no. Ellos confiaron ciegamente en Dios, porque Él es digno de confianza. Al alabar a Dios como primera medida, recordaron su poder y su gracia y se volvieron inquebrantables en su fe; aun sin conocer el plan completo. No tenían idea de cuál era el plan de Dios, pero confiaron en Él y cumplieron su mandato: "No temáis ni desmayéis; salid mañana contra ellos, porque Jehová estará con vosotros" (v. 17).

El versículo 20 dice: "Creed en Jehová vuestro Dios, y estaréis seguros". Adivina qué arma tomaron para protegerse: ¡cánticos de alabanza! Josafat "puso a algunos que cantasen y alabasen a Jehová, vestidos de ornamentos sagrados, mientras salía la gente armada" (v. 21).

¿Cómo pudieron permanecer firmes frente a semejante calamidad? Confiaron en Dios y cantaron alabanzas. ¿Puedes imaginarte qué deben haber pensado los otros ejércitos al escuchar a ese pequeño ejército cantar con denuedo alabanzas a Dios?

Ahora viene la parte totalmente increíble: "Y cuando comenzaron a entonar cantos de alabanza, Jehová puso contra los hijos de Amón, de Moab y del monte de Seir, las emboscadas de ellos mismos que venían contra Judá, y se mataron los unos a los otros" (v. 22).

Los ejércitos rivales empezaron a pelear entre ellos y cuando Judá y Jerusalén llegaron al campo de batalla, vieron esto: "Y luego que vino Judá a la torre del desierto, miraron hacia la multitud, y he aquí yacían ellos en tierra muertos, pues ninguno había escapado" (v. 24). En aquellos días, el ejército que vencía se llevaba el botín del pueblo. Y puesto que no había nadie que reclamara el equipamiento, la ropa y los artículos costosos, Dios bendijo a su pueblo con el botín.

· ·

¿Cómo pudieron permanecer firmes frente a semejante calamidad? Confiaron en Dios y le cantaron alabanzas.

· ·

En los versículos 27-30 vemos cómo termina la historia:

> Y todo Judá y los de Jerusalén, y Josafat a la cabeza de ellos, volvieron para regresar a Jerusalén gozosos, porque Jehová les había dado gozo librándolos de sus enemigos. Y vinieron a Jerusalén con salterios, arpas y trompetas, a la casa de Jehová. Y el pavor de Dios cayó sobre todos los reinos de aquella tierra, cuando oyeron que Jehová había peleado contra los enemigos de Israel. Y el reino de Josafat tuvo paz, porque su Dios le dio paz por todas partes.

¿Cómo permanecieron firmes frente a un pronóstico totalmente desfavorable? Alabaron a Dios, no solo con sus palabras y cánticos, sino también al actuar y obedecer las órdenes de Dios y dar un paso de fe para que se cumpliera su plan.

Glorifica a Dios por lo que hará

Si pudiéramos adelantarnos en el tiempo y ver el plan final de Dios desde el principio, sería más fácil permanecer firme. Pero, parte del plan de Dios es que aprendamos a confiar en Él y que pongamos nuestra mirada y nuestro corazón en Cristo. Y la mejor manera de hacerlo es empezar a alabar a Dios por sus nombres, su carácter y sus atributos. En medio de situaciones estresantes, empieza a alabar a Dios por todo lo que recuerdes de Él: su amor, su fidelidad, su sabiduría, su soberanía; Él es nuestro protector, nuestra fortaleza, nuestra paz, nuestro Salvador.

Finalmente, piensa en María, una virgen comprometida con un hombre piadoso. Un ángel le dijo que iba a dar a luz un hijo: el Hijo de Dios. Allí se encontraba esta adolescente en una época donde se golpeaba y apedreaba a las mujeres que tenían hijos fuera del matrimonio. En esa situación, la mayoría de nosotras habríamos estado temblando, preocupadas por lo que la gente pudiera pensar. Pero María no se desesperó. ¿Qué hizo frente a una situación de tanta incertidumbre? ¡Alabó a Dios! Medita en sus palabras de alabanza al Señor en Lucas 1:46-55. Deja que penetren en ti y llenen tu espíritu de paz y contentamiento.

Lucas 1:46-55

> Engrandece mi alma al Señor;
> Y mi espíritu se regocija en Dios mi Salvador.
> Porque ha mirado la bajeza de su sierva;
> Pues he aquí, desde ahora me dirán bienaventurada
>   todas las generaciones.
> Porque me ha hecho grandes cosas el Poderoso;
> Santo es su nombre,
> Y su misericordia es de generación en generación
> A los que le temen.
> Hizo proezas con su brazo;
> Esparció a los soberbios en el pensamiento de sus
>   corazones.
> Quitó de los tronos a los poderosos,
> Y exaltó a los humildes.
> A los hambrientos colmó de bienes,
> Y a los ricos envió vacíos.
> Socorrió a Israel su siervo,

Acordándose de la misericordia
De la cual habló a nuestros padres,
Para con Abraham y su descendencia para siempre.

¡Qué poderoso testimonio de fe! En vez de pensar en sus circunstancias inmediatas, en vez de pensar en todo lo que podía suceder
hipotéticamente, así como en las posibles opciones que tenía y en sus
resultados, María alabó a Dios y le confió por completo su vida y la
vida de su hijo. Lo creas o no, nosotras también podemos hacerlo.
Cuando dejamos de mirar nuestros problemas y empezamos a mirar
a nuestro Padre celestial, lleno de amor, todopoderoso y soberano,
podemos tener la fe de Ester, de Josafat y de María. Nosotras también podemos permanecer firmes.

3

Activa el poder de Dios a través de la confesión

Si confesamos nuestros pecados, él es fiel y justo para perdonar nuestros pecados, y limpiarnos de toda maldad.

1 Juan 1:9

*L*os pecados que no confesamos y no reconocemos bloquean nuestra comunicación con Dios. Nos sentimos culpables, de modo que poco a poco dejamos de orar y leer la Biblia. Sin embargo, permanecer en silencio delante de Dios para que Él escudriñe nuestro corazón y podamos confesar nuestros pecados es la clave de una relación estrecha con nuestro Padre celestial y el secreto para permanecer firmes cuando todo lo que nos rodea es caos.

Nos encanta el segundo de los cuatro pasos de oración: la confesión. Nunca, jamás, seremos perfectas de este lado del cielo. Y nuestro Creador lo sabe. Todas esas leyes y reglas del Antiguo Testamento nos recuerdan que nunca podremos purificarnos lo suficiente por nosotras mismas para entrar a la presencia del Dios santo y todopoderoso. Por eso Él envió a un Salvador, Jesucristo, a morir por nuestros pecados una vez y para siempre. Todo lo que tenemos que hacer es admitir que somos pecadoras y que necesitamos al Salvador, pedirle que perdone nuestros pecados y venga a nuestra vida. ¡Eso es todo! Es un acto que se hace una sola vez. Cuando entramos a la familia de Dios, Juan 10:28 dice que Él nunca permitirá que Satanás nos arrebate de su mano.

La confesión diaria es diferente a la confesión que hicimos cuando entramos a la familia de Dios. Una vez que nos humillamos y le entregamos nuestro corazón a Dios, le pedimos perdón y lo recibimos como el Señor y Salvador de nuestra vida, llegamos a ser parte de su familia para siempre. Sin embargo, para mantener una buena comunicación con Él, que es santo y perfecto, y poder escuchar la voz del Espíritu Santo, necesitamos examinar diariamente nuestra vida y ver qué pecado puede estar estorbando nuestra relación con el Señor. Después debemos confesarlo y pedirle a Dios que nos dé su fuerza para no volver a pecar.

Restaura tu relación con Dios

En el Salmo 32, el rey David explica muy bien cómo el pecado no confesado puede causar estragos en nuestra mente y nuestro corazón, y cómo la confesión puede restaurar nuestra relación con el Señor y borrar la agonía de nuestro corazón.

Salmo 32:1-5

Bienaventurado aquel cuya transgresión ha sido
   perdonada, y cubierto su pecado.
Bienaventurado el hombre a quien Jehová no culpa de
   iniquidad,
Y en cuyo espíritu no hay engaño.
Mientras callé, se envejecieron mis huesos
En mi gemir todo el día.
Porque de día y de noche se agravó sobre mí tu mano;
Se volvió mi verdor en sequedades de verano.
Mi pecado te declaré, y no encubrí mi iniquidad.
Dije: Confesaré mis transgresiones a Jehová;
Y tú perdonaste la maldad de mi pecado.

En el Salmo 139:23-24, David ofrece una oración que puede enriquecer tus devocionales diarios con el Señor: "Examíname, oh Dios, y conoce mi corazón; pruébame y conoce mis pensamientos; y ve si hay en mí camino de perversidad, y guíame en el camino eterno".

....

La confesión puede restaurar nuestra relación con el Señor y borrar la agonía de nuestro corazón.

....

David quería que Dios examinara su corazón: sus actitudes, sus motivaciones, sus deseos y sus preocupaciones. ¡Qué petición tan osada! Le pidió al Señor que mirara las partes más oscuras de su vida. Nuestra vida podría parecer limpia por fuera, pero nuestro corazón podría estar sucio por dentro. Y, seamos realistas, oportunidades de pecar encontramos en todo momento. En Mateo 5, Jesús explica que no solo nuestras acciones, sino incluso nuestros pensamientos pueden ser pecaminosos. Por ejemplo, los versículos 21 y 22 dicen: "Oísteis que fue dicho a los antiguos: No matarás; y cualquiera que matare será culpable de juicio. Pero yo os digo que cualquiera que se enoje contra su hermano, será culpable de juicio". De modo que, básicamente, ¡todas pecamos… y mucho!

Las emociones en sí mismas no son, necesariamente, pecado; pero si nos dejamos llevar por nuestras emociones podemos caer fácilmente en la tentación. Imagina lo siguiente: estás conduciendo tu auto por la calle con música cristiana de fondo. De repente, otro conductor te pasa a toda velocidad. Se distrajo con el teléfono celular en su mano y casi te embiste. Tú haces sonar la bocina para decirle: "¡Oye, estoy aquí!". Y después, enojada, salen de tu boca una serie de palabras inapropiadas. Ahora bien, el temor y la sorpresa son emociones naturales y espontáneas. Ni buenas ni malas. Solo son respuestas que Dios nos ha dado ante una situación que no se produce por poco. Sin embargo, cuando permitimos que las emociones tomen el control y no el Espíritu Santo, eso puede dar lugar al pecado. Y, puesto que somos seres humanos, esas emociones pueden brotar en cualquier momento y ser una puerta abierta para el pecado. Por ejemplo, la buena noticia de otra persona rápidamente puede traer sentimientos de descontento y envidia. Ese descontento puede engendrar celos, lo cual puede hacernos caer en murmuración, calumnia y orgullo.

Santiago 4:1-3 lo explica de esta manera:

> ¿De dónde vienen las guerras y los pleitos entre vosotros? ¿No es de vuestras pasiones, las cuales combaten en vuestros miembros? Codiciáis, y no tenéis; matáis y ardéis de envidia, y no podéis alcanzar; combatís y lucháis, pero no tenéis lo que deseáis, porque no pedís. Pedís, y no recibís, porque pedís mal, para gastar en vuestros deleites.

El pecado no confesado puede empezar a ahogar la vida de Cristo en nosotras. Puesto que nos sentimos culpables, dejamos de tener nuestro tiempo devocional. Nos alejamos de Dios, por eso empezamos a racionalizar nuestro pecado, culpar a otros o explicar por qué, después de todo, nuestro pecado no debería considerarse pecado. Yo (Cyndie) solía explicar este ciclo en mi clase de tercero y cuarto grado de la escuela dominical de la siguiente manera: Si tomas prestado un juguete de tu amigo sin pedírselo, lo rompes y no le dices que tú eres el responsable, es posible que no quieras estar más con él, porque cuando lo veas recuerdes lo que aún no le has confesado. Puesto que ese sentimiento de culpa puede ser abrumador, empiezas a evitar a ese amigo con la esperanza de evadir ese sentimiento de culpa. Pero ¿qué pasaría si le contaras a tu amigo que le rompiste el juguete, le pides perdón y tratas de compensarle? Pasaría una de dos cosas: o bien tu amigo podría perdonarte, tus sentimientos de culpa podrían desaparecer y tu relación podría restaurarse, o bien tal vez ese niño no quiera perdonarte, pero al menos habrás aclarado las cosas y tus sentimientos de culpa puedan empezar a esfumarse.

Pero con Dios es diferente. Él promete perdonarnos el 100% de las veces y quiere restaurar nuestra relación con Él. No tenemos posibilidad de perder. No hay pecado que sea tan malo que Dios no lo pueda perdonar. En 1 Juan 1:9 se nos asegura: "Si confesamos nuestros pecados, él es fiel y justo para perdonar nuestros pecados, y limpiarnos de toda maldad".

Un minuto de enseñanza con Fern

Para orar eficazmente y con poder, debemos ser vasijas limpias. Por eso la confesión es crucial para afectar con nuestra oración el reino de Dios. El pecado interrumpe nuestra comunión con Dios y con nuestros semejantes. El Salmo 66:18 dice que si albergamos pecado en nuestro corazón, el Señor no nos escuchará. La confesión no es otra cosa que ponernos de acuerdo con Dios sobre nuestro pecado. Debemos admitir el pecado y mencionarlo de forma específica. ¡Qué preciosa es la sangre de Cristo que nos hace libres del peso y la culpa del pecado! ¡Qué gozo recibir el perdón de nuestros pecados y que Dios restaure nuestra comunión con Él! Con manos limpias y corazón puro, nos acercamos a Dios con denuedo y confianza.

No estorbemos nuestras oraciones con pecados no confesados. Extendamos el reino de Dios con oraciones eficaces y poderosas bajo la dirección del Espíritu Santo.

Cuando nos aferramos al pecado

Aunque sabemos que Dios nos perdonará, a veces somos reacias a abandonar el pecado o pedir perdón, porque… bueno… nos gusta nuestro pecado. No queremos dejar de pecar. La preocupación, por ejemplo. En cierta manera, las madres creemos que preocuparnos por nuestros hijos es nuestro derecho. Después de todo, ¿podrían nuestros hijos sobrevivir sin nuestra preocupación por su seguridad, sus amigos, sus elecciones, su futuro, etc.? ¿No necesitan que nos preocupemos por ellos? ¿No es parte de nuestro rol de madres? En realidad, no. Cuando Pablo escribió: "No se preocupen por nada" en Filipenses 4:6 (NTV), no agregó: "Excepto los padres; ustedes pueden preocuparse a gusto (o, en realidad, a disgusto). Dios necesita que lo ayuden". No. "No se preocupen por nada" incluye a nuestros hijos.

Aunque sea difícil de imaginar, Dios ama a nuestros hijos aún más que nosotras. Cómo puede ser, no lo sabemos. Pero es así. Y Dios mira y conoce su futuro y sabe lo que tiene preparado específicamente para ellos. "Porque somos hechura suya, creados en Cristo Jesús para buenas obras, las cuales Dios preparó de antemano para que anduviésemos en ellas" (Ef. 2:10). Él sabe qué obstáculos y oportunidades ayudarán más a ese propósito.

Fíjate qué sigue al mandato de no preocuparse por *nada*. Filipenses 4:6-7 (NTV) dice: "No se preocupen por nada; en cambio, oren por todo. Díganle a Dios lo que necesitan y denle gracias por todo lo que él ha hecho. Así experimentarán la paz de Dios, que supera todo lo que podemos entender. La paz de Dios cuidará su corazón y su mente mientras vivan en Cristo Jesús". Este pasaje contiene una promesa excepcional: si le entregamos a Dios nuestras preocupaciones y nuestros afanes, Él los reemplazará por su paz inexplicable, una paz que no se encuentra aquí en la tierra. ¡Ese sí que es un buen trato!

A menudo sentimos que la preocupación es una parte natural de la vida… especialmente si eres madre. Aunque renunciar a ese "derecho" tenga la promesa de la paz de Dios que solo Él da y que protege nuestros corazones y nuestra mente, seguimos aferradas a nuestros afanes, nuestros temores y nuestras preocupaciones. La confesión es una necesidad diaria y, en ocasiones, varias veces al día. La confesión limpia el canal entre tú y Dios para que puedas tener una comunicación directa con Aquel que creó el universo, Aquel que tiene un plan específico para ti y para cada uno de tus seres queridos.

Ten la fortaleza de ser libre

Ahora bien, podrías pensar, *el pecado de la preocupación no es nada comparado con mi pecado.* Tal vez Dios te esté convenciendo del pecado de murmuración o celos, de la falta de respeto hacia tu cónyuge o de arrebatos de ira. O tal vez de ser infiel o abusiva, de robar o tomar drogas no recetadas o de depender del alcohol o la comida para ahogar tu ansiedad y tus sentimientos de culpa.

¿Quieres *permanecer firme?*
Necesitas que la paz de Dios
inunde tu alma.
Para eso, debes
confesar tus preocupaciones
y pedir a Dios que te ayude
a *no seguir en ese pecado*.

A menudo, cuando tenemos convicción de pecado, nos sentimos como Pedro, que reconoció que Jesús era el Señor y que después, repentinamente, dijo: "Apártate de mí, Señor, porque soy hombre pecador" (Lc. 5:8). La santidad de Dios repudia nuestra naturaleza pecadora, pero el mismo Jesús dice en Mateo 11:28-30: "Venid a mí todos los que estáis trabajados y cargados, y yo os haré descansar. Llevad mi yugo sobre vosotros, y aprended de mí, que soy manso y humilde de corazón; y hallaréis descanso para vuestras almas; porque mi yugo es fácil, y ligera mi carga".

Cargar con la culpa del pecado puede ser extremadamente pesado. En nuestras reuniones de oración, a menudo repartimos una hoja de papel en blanco con una cruz grande impresa en el centro. Durante el momento de la confesión, le pedimos a cada persona que se siente a solas con Jesús y le pida que exponga cualquier pecado que haya en su vida, como en el Salmo 139:23-24: "Examíname, oh Dios, y conoce mi corazón; pruébame y conoce mis pensamientos; y ve si hay en mí camino de perversidad, y guíame en el camino eterno".

Este tiempo de confesión puede ser una poderosa oportunidad de admitir nuestro pecado y luego, en silencio, confesárselo a Dios. A menudo estamos sentadas en un salón que tiene una gran cruz de madera en el frente. Les pedimos a las mujeres que escriban los pecados que necesitan confesar y luego —para ejemplificar el perdón de Dios—que cada mujer rompa su hoja en pequeños pedacitos y los coloquen a los pies de la cruz.

En las dos páginas siguientes, encontrarás la imagen de una cruz dos veces para que puedas pasar tiempo con el Señor y escribir tus propias confesiones en una de ellas, y luego, en la otra, escribir tu agradecimiento al Señor por perdonar todos tus pecados. En vez de romper la página de confesión en varios pedacitos, puedes levantar la página en oración, abrir tu corazón y exponer los rincones más oscuros. Al final puedes celebrar el perdón de Dios en tu corazón y en tu vida.

Mis confesiones

Celebro el perdón de Dios

En la celebración de nuestro 25 aniversario de Madres Unidas para Orar, finalmente una madre fue libre del pecado que la había estado contaminando. Aunque había aceptado a Cristo como su Salvador personal cuando era joven, en la escuela secundaria empezó a ir de fiesta en fiesta y a alejarse del Señor. Se casó con su novio de la escuela secundaria, pero, después de algunos años de matrimonio, conoció a otro hombre en el trabajo y sus conversaciones al parecer inocentes se convirtieron en una efímera aventura amorosa. Su esposo la perdonó, pero ella no podía perdonarse a sí misma. Esto es lo que ella nos contó.

Mi amado esposo peleó por mí y empezamos a trabajar en nuestro matrimonio para reavivar la llama que se había apagado. Fue un proceso difícil y muy largo. Recuerdo una noche que estaba sola en casa y la culpa y la vergüenza que sentía era terrible.

Después, una líder de Madres Unidas para Orar me invitó a asistir a una actividad en una localidad cercana. Todavía recuerdo ese día con mucha claridad. Llegó el momento de la confesión y teníamos que arrodillarnos para confesarle nuestros pecados a Dios. Lloré profundamente y toda la culpa y vergüenza con la que había estado viviendo desaparecieron. En ese momento sentí que Dios decía: "Ya no más; estás perdonada". ¡Me sentí totalmente libre! Asistí a esa actividad muy nerviosa, pero me fui de allí perdonada.

Experimenta el asombroso poder de la confesión y el perdón

Un día mientras estaba (Sally) en la oficina de Madres Unidas para Orar Internacional, una mujer nos contó una historia, a una colega y a mí, que nos dejó sorprendidas de ver el poder de la confesión que impulsa adelante nuestra vida. Antes de venir a Cristo, la madre había perdido la custodia de sus tres hijos. Pero después empezó a orar por sus hijos en un grupo de Madres Unidas para Orar. Aunque no sabía dónde estaban sus hijos —no podía abrazarlos, reír con ellos o cuidar de ellos— estaba segura de que, a través de sus oraciones, Dios estaba manteniendo cerca a sus hijos. Esta madre agradeció a Dios por el grupo de Madres Unidas para Orar, que estuvo con ella sin juzgarla, y no permitió que sus pecados del pasado la tuvieran cautiva o le impidieran afectar su futuro. Ella estaba viviendo Filipenses 3:13-15: "*una* cosa *hago*: olvidando ciertamente lo que queda atrás, y extendiéndome a lo que está delante, prosigo a la meta, al premio del supremo llamamiento de Dios en Cristo Jesús" (énfasis mío). Si miras atrás, no puedes ver el presente y no podrás afectar tu futuro. Sin embargo, si hoy oras, podrás afectar las generaciones futuras.

Deja atrás la falta de perdón

En la confesión debemos dejar atrás el pecado de la falta de perdón. Cuando el Señor enseñó a sus discípulos a orar, enfatizó la falta de perdón como una parte importante de la oración. Mateo 6:12 dice: "Y perdónanos nuestras deudas, como también nosotros perdonamos a nuestros deudores".

A comienzos de mi tiempo en la sede de Madres Unidas para Orar (Sally) tuve el privilegio de trabajar con una maravillosa voluntaria de Ruanda, que me enseñó a practicar esta parte de la confesión. Cuando ella vivía en Ruanda, sus dos hijos mayores fueron asesinados durante el tiempo del genocidio. Después se mudó a los Estados Unidos, tuvo dos hijos más y se sumó a Madres Unidas para Orar, donde empezó a aprender a orar por sus hijos con otras mujeres. Rodeada de otras guerreras de oración, que seguían los cuatro pasos de oración, esta madre aprendió a confesar su falta de perdón y luego a perdonar a aquellos que le habían quitado la vida de sus hijos. Esta mujer no permitió que los pecados de otros la hicieran flaquear. De hecho, volvió a Ruanda varias veces para dar testimonio de este ministerio de oración que cambia vidas e incluso llevó a sus hijos con ella. Ahora su nación está experimentando la influencia de la oración. Unos años después, un importante líder de esa nación me dijo con mucha seguridad: "¡La nación de Ruanda ya no será conocida como una nación de genocidio, sino como una nación de oración!".

A lo largo y a lo ancho de África, tribus que una vez peleaban unas contra otras, actualmente oran juntas y llevan paz a sus comunidades. Europa del Este y del Oeste han vivido siglos de luchas. Aunque sus fronteras están abiertas, los corazones de sus habitantes han estado cerrados por pecados del pasado. Sin embargo, muchos de ellos se están arrepintiendo y perdonando, y estamos viendo la unidad como fruto de la oración. Tuve el privilegio de reunirme con un grupo de oración en Francia, donde una mujer era menonita, otra, católica y, la otra, carismática. En vez de aferrarse a divisiones denominacionales, permanecían juntas en oración.

¿Puedes imaginar que personas de diferentes razas, denominaciones, trasfondos y expectativas se perdonaran unas a otras y oraran juntas? ¿Cuánto más lograríamos en esta tierra para Cristo a través de la oración?

Nuestro rol en la sanidad

Dios quiere liberarnos de nuestros pecados. Pero ¿cuál es nuestra responsabilidad? Debemos confesar nuestros pecados y entregarle nuestra inmundicia a Dios para que Él la reemplace con su paz. A veces sentimos que nos estamos confesando cuando en realidad solo nos estamos recriminando por lo que hicimos. "¿Por qué le hice esa broma de tan mal gusto a mi jefe?… soy una imbécil". O "¡No puedo creer que le haya dicho eso al profesor; qué mala soy!". Castigarnos mentalmente podría parecer santo, pero no lo es. Si pecaste, confiésale tu pecado a Dios. Si actuaste mal con el profesor o hiciste un comentario inapropiado a tu jefe, discúlpate. Y después… ¡déjalo ir! No sigas aferrada a ese pecado o remordimiento. Dios pro~ perdonarnos.

Salmo 103:10-14

No ha hecho con nosotros conforme a nuestras
dades, ni nos ha pagado conforme a nuestros
Porque como la altura de los cielos sobre la tier'
deció su misericordia sobre los que le tem

está lejos el oriente del occidente, hizo alejar de nosotros nuestras rebeliones. Como el padre se compadece de los hijos, se compadece Jehová de los que le temen. Porque él conoce nuestra condición; se acuerda de que somos polvo.

¿No te encantan estos versículos? No importa lo que hayas hecho, Dios te perdonará. Cuando realmente te humillas y confiesas tu pecado, Dios te perdona. Sin pedir explicación. Sí, Dios podría convencerte de que debes reparar un agravio. Si es así, hazlo. Pero hazlo con humildad, paz y amor, con la seguridad de que Dios te ama y te ha perdonado.

A veces para evitar que surjan sentimientos de culpa, empezamos a endurecer nuestro corazón. No nos reprochamos por lo que hemos hecho ni nos sumimos en el remordimiento; en cambio, nos negamos a admitir nuestros pecados, debido a una falsa creencia de que la confesión es una muestra de debilidad. Racionalizamos el pecado para poder cohabitar con nuestras decisiones. Sin embargo, cuando nos negamos a confesar nuestros pecados, le negamos a nuestro corazón la posibilidad de ser transformado. El enojo y la amargura pueden separarnos de Dios y de los demás, sin poder experimentar la paz y el gozo de Cristo.

· ·

Cuando realmente te humillas y confiesas tu pecado, Dios te perdona. Sin pedir explicación.

· ·

Muchas personas jóvenes se alejan de la iglesia para evitar tener sentimientos de culpa sobre los pecados que no quieren abandonar. Romanos 12:3 nos anima: "Digo, pues, por la gracia que me es dada, a cada cual que está entre vosotros, que no tenga más alto concepto que el que debe tener, sino que piense de sí con cordura, conforme a la medida de fe que Dios repartió a cada uno".

Y fíjate en el versículo que viene antes y el que va después de este pasaje tan citado de 1 Juan 1:9 :

> Si decimos que no tenemos pecado, nos engañamos a nosotros mismos, y la verdad no está en nosotros. Si confesamos nuestros pecados, él es fiel y justo para perdonar nuestros pecados, y limpiarnos de toda maldad. Si decimos que no hemos pecado, le hacemos a él mentiroso, y su palabra no está en nosotros (1 Jn. 1:8-10).

El regalo de un corazón humilde

La confesión puede resultarnos difícil. No nos gusta tener que enfrentar nuestros pecados. Y, en ocasiones, no queremos dejar de pecar. Sin embargo, si queremos recibir respuesta a nuestras oraciones, si queremos permanecer firmes, llenas de la paz que solo Dios puede dar, debemos permitir que Dios escudriñe nuestro corazón, exponer nuestro pecado y pedirle que nos perdone y nos ayude a alejarnos de la tentación. Cada día debemos orar: "Crea en mí, oh Dios, un corazón limpio, y renueva un espíritu recto dentro de mí", como hizo David en el Salmo 51:10. En hebreo, la palabra para crear es *bará*, la misma palabra usada en Génesis 1:1: "En el principio creó Dios los cielos y la tierra". Esto enfatiza el hecho de que solo Dios puede crear un corazón limpio. No podemos limpiar nuestro corazón por nosotras mismas. Solo Dios puede hacerlo.

Cuando morimos a nosotras mismas estamos permitiendo que el poder de resurrección de Cristo obre en nuestro ser.

> Antes bien renunciamos a lo oculto y vergonzoso, no andando con astucia, ni adulterando la palabra de Dios, sino por la manifestación de la verdad recomendándonos a toda conciencia humana delante de Dios… Pero tenemos este tesoro en vasos de barro, para que la excelencia del poder sea de Dios, y no de nosotros (2 Co. 4:2, 7).

Dios nos formó con sus manos de amor con un propósito específico. ¡Cuando confesamos nuestros pecados y limpiamos el canal entre nosotras y Dios, Él nos llena con su poder para que podamos cumplir su voluntad! ¿Quieres que Dios escuche tus oraciones y las responda, no solo para permanecer firme en las pruebas sino también para cumplir el propósito de Dios en tu vida? Debes confesar tus pecados al Señor para ser una vasija vacía que pueda llenarse del Espíritu Santo.

Veamos en el Antiguo Testamento a Daniel. Él le había estado rogando a Dios humildemente que sanara su tierra y liberara a su pueblo. Fíjate por qué Dios lo escuchó y respondió:

> Ahora pues, Dios nuestro, oye la oración de tu siervo, y sus ruegos; y haz que tu rostro resplandezca sobre tu santuario asolado, por amor del Señor. Inclina, oh Dios mío, tu oído, y oye; abre tus ojos, y mira nuestras desolaciones, y la ciudad sobre la cual es invocado tu nombre; porque no elevamos nuestros ruegos ante ti confiados en nuestras justicias, sino en tus muchas misericordias. Oye, Señor; oh Señor, perdona; presta oído, Señor, y hazlo; no tardes, por amor de ti mismo, Dios mío; porque tu nombre es invocado sobre tu ciudad y sobre tu pueblo.
>
> Aún estaba hablando y orando, y confesando mi pecado y el pecado de mi pueblo Israel, y derramaba mi ruego delante de Jehová mi Dios por el monte santo de mi Dios; aún estaba hablando en oración, cuando el varón Gabriel, a quien había visto en la visión al principio, volando con presteza, vino a mí como a la hora del sacrificio de la tarde (Dn. 9:17-21).

En Daniel 10:12, el ángel Gabriel explica por qué Dios lo envió a Daniel: "Daniel, no temas; porque desde el primer día que dispusiste tu corazón a entender y a humillarte en la presencia de tu Dios, fueron oídas tus palabras; y a causa de tus palabras yo he venido".

La confesión es sencilla y, a la vez, difícil. Humillarte y pedirle al Espíritu Santo que examine tu corazón puede ser incómodo, pero la paz y la sanidad que vienen después transformarán y renovarán tu vida. Esto es lo asombroso: Dios no espera que vivamos como Cristo en nuestras propias fuerzas. Como el apóstol Pablo escribe en 2 Corintios 12:9: "Y me ha dicho: Bástate mi gracia; porque mi poder se perfecciona en la debilidad. Por tanto, de buena gana me gloriaré más bien en mis debilidades, para que repose sobre mí el poder de Cristo".

El poder de Dios opera en nuestra vida. ¿No es sorprendente? ¿Quién puede impedir que Dios nos use y cumplamos nuestro llamado supremo? ¡Nosotras mismas! Y, particularmente, nuestro pecado. Sin embargo, el poder de Dios nos ayuda a estar lejos de la tentación para que el Espíritu Santo pueda obrar en nuestra vida. Hebreos 12:1-3 es un buen pasaje para memorizar y guardar en nuestro corazón.

Hebreos 12:1-3

> Por tanto, nosotros también, teniendo en derredor nuestro tan grande nube de testigos, despojémonos de todo   .
> peso y del pecado que nos asedia, y corramos con paciencia la carrera que tenemos por delante, puestos los ojos en Jesús, el autor y consumador de la fe, el cual por el gozo puesto delante de él sufrió la cruz, menospreciando el oprobio, y se sentó a la diestra del trono de Dios. Considerad a aquel que sufrió tal contradicción de pecadores contra sí mismo, para que vuestro ánimo no se canse hasta desmayar.

Cuanto más nos acercamos a Cristo, más fácilmente reconocemos el pecado en nuestra vida. A la inversa, cuanto más permitimos el pecado en nuestra vida sin confesarlo, más se endurece nuestro corazón y nos perdemos todo lo que Cristo tiene preparado para nuestra vida. Cuando confesamos nuestro pecado morimos a nosotras mismas y permitimos que Cristo haga la obra poderosa que ha diseñado para cada una de nosotras.

· ·

Cuando confesamos nuestro pecado
morimos a nosotras mismas y permitimos
que Cristo haga la obra poderosa que ha
diseñado para cada una de nosotras.

· ·

Vamos a terminar con un pasaje más a fin de prepararnos para
el próximo capítulo sobre la acción de gracias:

> Mirad, pues, con diligencia cómo andéis, no como necios
> sino como sabios, aprovechando bien el tiempo, por-
> que los días son malos. Por tanto, no seáis insensatos,
> sino entendidos de cuál sea la voluntad del Señor. No os
> embriaguéis con vino, en lo cual hay disolución; antes
> bien sed llenos del Espíritu, hablando entre vosotros con
> salmos, con himnos y cánticos espirituales, cantando y
> alabando al Señor en vuestros corazones; dando siempre
> gracias por todo al Dios y Padre, en el nombre de nues-
> tro Señor Jesucristo (Ef. 5:15-20).

Recuerda, *no* tienes que confesar tus pecados en tus propias fuerzas. Pídele al Espíritu Santo que te ayude a confesarle tus pecados y a
estar lejos de la tentación. La paz de Dios te espera del otro lado de la
confesión… ¡y su paz te ayudará verdaderamente a *permanecer firme*!

La paz de Dios *te espera* del otro lado de la *confesión*… ¡y *su paz* te ayudará verdaderamente a *permanecer firme*!

4

Transforma los momentos difíciles con acción de gracias

*Estad siempre gozosos. Orad sin cesar. Dad
gracias en todo, porque esta es la voluntad de
Dios para con vosotros en Cristo Jesús.*

1 Tesalonicenses 5:16-18

Aun en momentos de decepción, angustia, dolor o sufrimiento, un corazón agradecido puede hacer que nuestras pruebas sean más tolerables, menos agobiantes y menos perjudiciales para nuestra fe. De hecho, el mero acto de dar gracias puede transformar la tristeza de un corazón en alegría. Cuando empezamos a agradecer a Dios por las bendiciones que hemos recibido y la respuesta a nuestras oraciones, recordamos que servimos a un Dios grande, que nos ama y nos cuida.

El tercero de los cuatro pasos de oración es la acción de gracias, mediante la cual damos gracias intencionalmente a Dios por la respuesta a nuestras oraciones, así como por lo que está haciendo aunque todavía no lo podamos ver.

Ser agradecida requiere intencionalidad

¡Me gusta (Sally) pensar en nuestra oración de acción de gracias como una fiesta del Espíritu Santo! Cuando recuerdo lo que Dios hizo, específicamente por mí y mi familia, mi alma se llena de gozo y júbilo. A veces, no puedo resistir la necesidad de ser agradecida. Y otras veces me olvido de la verdad que dice Santiago 1:17: "Toda buena dádiva y todo don perfecto desciende de lo alto, del Padre de las luces, en el cual no hay mudanza, ni sombra de variación".

Hace varios años cuando mi familia estaba conmocionada por la posibilidad de enfrentar una causa judicial, Dios me enseñó qué significaba permanecer firme mediante el poder de un corazón agradecido. Yo era un ama de casa con cuatro hijos que cuidar, y la demanda legal amenazaba cada una de nuestras posesiones terrenales. Aunque éramos inocentes de lo que se nos acusaba, el proceso judicial se prolongó. Así que yo tenía dos opciones: podía preocuparme o entregarle esa situación a Dios. Ante la idea de perder lo que Dios nos había dado —ya fuera pequeño o grande— tomé más conciencia de todo lo que Él me había dado. Al final, nos exculparon, pero ese largo proceso me ofreció varias oportunidades de ser agradecida.

· ·

Cuando empezamos a agradecer a Dios por las
bendiciones que hemos recibido y la respuesta
a nuestras oraciones, recordamos que servimos
a un Dios grande, que nos ama y nos cuida.

· ·

Empecé a agradecer a Dios por nuestra casa, nuestros muebles, todas nuestras posesiones terrenales. Sabía que podía perder todo rápidamente y escuché la voz de Dios a través de 1 Tesalonicenses 5:16-19: "Estad siempre gozosos. Orad sin cesar. Dad gracias en todo, porque esta es la voluntad de Dios para con vosotros en Cristo Jesús. No apaguéis al Espíritu".

Entonces me di cuenta de que jamás podría perder lo más importante que tenía en la vida: la salvación. Dios nos ha dado la salvación; su amor infinito y eterno; un hogar con Él en la eternidad; su Palabra y mucho más. Este mundo podría destruir o arrebatarnos todas nuestras posesiones terrenales, sin embargo, nunca podría despojarnos de Dios, sus promesas y la vida eterna. Durante esas circunstancias preocupantes, aprendimos juntos a permanecer firmes al poner nuestros ojos en Cristo y darle gracias por "toda buena dádiva y todo don perfecto".

Cuando todo lo que nos rodea parece un caos, ese es precisamente el momento cuando necesitamos recordar a Aquel que es inconmovible y cuyo reino permanece firme en todo momento. Hebreos 12:28 dice: "Así que, recibiendo nosotros un reino inconmovible, tengamos gratitud, y mediante ella sirvamos a Dios agradándole con temor y reverencia".

Tener un corazón agradecido puede transformar incluso los días más difíciles. ¡Es un arma poderosa que te bendice a ti y bendice a quienes te rodean con una fiesta del Espíritu Santo llena de gozo! Pero es importante notar que ser agradecida es una decisión. ¿Te despiertas quejándote por el día que vivirás o te despiertas recordando la cantidad de bendiciones que Dios te ha dado? ¡Decidamos despertarnos con un corazón agradecido! Después de todo, Dios ya nos ha bendecido con todo lo que necesitamos. "Como todas las cosas que pertenecen a la vida y a la piedad nos han sido dadas por su divino poder, mediante el conocimiento de aquel que nos llamó por su gloria y excelencia" (2 P. 1:3)

La vida cambia cuando reemplazamos la queja por acción de gracias

En nuestro grupo de Madres Unidas para Orar, nos esforzamos por no hablar negativamente de nadie. Oramos. Siempre damos gracias a Dios por los maestros y oramos por cada uno por su nombre. Sabemos que Dios ha colocado a cada uno en la escuela por una razón y damos gracias a Dios por la oportunidad de orar por todos ellos.

En la escuela de mis hijos, una maestra era famosa por su gran antipatía por los cristianos. Era muy franca en su opinión y eso preocupaba a los padres que tenían hijos en su clase. En Madres Unidas para Orar sabíamos que necesitábamos orar por esta maestra con un corazón agradecido. Entonces oramos para que Dios nos diera la oportunidad de hablarle del amor de Dios. Los caminos de Dios hicieron que esta maestra se mudara frente a la casa de una de las mujeres de nuestro grupo de Madres Unidas para Orar. Esta maestra encontró mucho gozo en su nuevo vecindario. Y le preguntó a esta mujer de Madres Unidas para Orar por qué estaba tan agradecida y contenta. La madre del grupo le habló de Dios y la invitó a la iglesia. La maestra recibió a Jesús junto a toda su familia. Algunos años después, llegó a ser la maestra de jardín de infantes de mis dos hijos menores. Esta maestra ahora redimida y yo hablábamos de Dios y de la oración. Nuestro grupo de oración había cambiado la queja y la murmuración por la acción de gracias y la oración. El resultado fue que una maestra y su familia conocieron a Jesús.

Cambiemos nuestra manera de pensar por acción de gracias

Cambiar intencionalmente nuestra actitud quejosa por un corazón agradecido transforma nuestra perspectiva. Con razón Dios nos da el mandato de ser agradecidas. ¿Recuerdas el pasaje de Filipenses 4 del último capítulo que habla de cambiar nuestra ansiedad y preocupación por la paz de Dios? Bueno, observa cada parte de ese pasaje. Filipenses 4:4-9 es un pasaje de la Palabra de Dios que nos anima tan solo con leerlo. Dedica un momento a leerlo en voz alta.

Filipenses 4:4-9

Regocijaos en el Señor siempre. Otra vez digo: ¡Regocijaos! Vuestra gentileza sea conocida de todos los hombres. El Señor está cerca. Por nada estéis afanosos, sino sean conocidas vuestras peticiones delante de Dios en toda oración y ruego, con acción de gracias. Y la paz de Dios, que sobrepasa todo entendimiento, guardará vuestros corazones y vuestros pensamientos en Cristo Jesús. Por lo demás, hermanos, todo lo que es verdadero, todo lo honesto, todo lo justo, todo lo puro, todo lo amable, todo lo que es de buen nombre; si hay virtud alguna, si

algo digno de alabanza, en esto pensad. Lo que apren-
disteis y recibisteis y oísteis y visteis en mí, esto haced; y
el Dios de paz estará con vosotros.

Pablo no solo nos instruye a dar gracias y gozarnos; sino que nos
explica cómo cambiar nuestra manera de pensar. Cuando nos quejamos y criticamos, ¿en qué deberíamos pensar? En "todo lo que
es verdadero, todo lo honesto, todo lo justo, todo lo puro, todo lo
amable, todo lo que es de buen nombre; si hay virtud alguna, si algo
digno de alabanza". ¿Qué pensamiento se ha alojado en tu mente
en este último tiempo y no te puedes deshacer de él? Ahora toma
cada término de Filipenses y pásalo por tus pensamientos. ¿Qué es
lo verdadero? Muchas veces nuestros pensamientos tienen que ver
con nuestra interacción con las personas y con lo que *pensamos* que
fulano de tal debe haber pensado de nosotras. Pero ¿estás segura de
que esa persona estaba criticando tu ropa? ¿Realmente quiso ese
hombre contestarte de tan mala manera?

Ahora volvamos a lo que es *verdadero*. Repasa la lista y replan-
tea tus pensamientos. ¿Qué es noble? ¿Qué es justo? ¿Qué es puro?
¿Qué es amable? ¿Qué es de buen nombre? ¿Qué tiene alguna virtud? ¿Qué es digno de alabanza? Agradece a Dios por cada una de
estas cosas y siente cómo el estrés y la tensión se esfuman.

Lleva un registro de la fidelidad de Dios

Una cosa que puede transformar nuestro corazón y nuestra mente
es hacer una lista de todas las respuestas a nuestras oraciones. Una
buena idea es tener un diario de oración donde puedas anotar especialmente la respuesta a tus oraciones. A menudo nos olvidamos de
lo que hemos pedido en oración, pero repasar la lista y las diversas
respuestas a nuestras oraciones alienta nuestro corazón. A lo largo
de la Biblia, las personas que estaban desanimadas o frustradas a
menudo recordaban deliberadamente los milagros y las bendiciones
de Dios. Si necesitas ayuda adicional, coloca algunos recordatorios
de la bondad de Dios a tu alrededor. Fotos y recuerdos son un buen
"monumento conmemorativo". Si tienes un teléfono inteligente,

mantén un "memo" de acción de gracias, para que cuando necesites transformar tus pensamientos puedas abrirlo fácilmente y revisar tu lista.

¡Recientemente, (Cyndie) tuve la oportunidad de poner esto en práctica otra vez! Dios es bueno al permitirnos tener muchas posibilidades de transformar nuestros pensamientos en acción de gracias. ¿Lo has notado?

Hace poco dejé a un grupo de adolescentes en una fiesta de cumpleaños y me dirigí hacia un supermercado. Era mi primera compra en un supermercado "real" después que un médico añadiera más cosas a mi creciente lista de alergia a los alimentos. Ya sabía que era alérgica a la soja, el trigo, las nueces, las bananas y la menta. Con el recrudecimiento de mis alergias, aprendí a leer la lista de ingredientes, especialmente, debido a la soja que se esconde en casi todo. Pero ahora el médico me dijo que también soy alérgica al maíz, la avena, los lácteos, los champiñones, los pimientos verdes (una alergia esporádica y raramente específica) y, lamentablemente, el chocolate.

Un sentimiento de desánimo estaba empezando a oprimirme mientras leía los ingredientes y descubría estos nuevos alérgenos escondidos en muchos de mis alimentos de primera necesidad. Entonces recordé el poder de la acción de gracias. Así que cada vez que encontraba algo que podía comer, daba gracias específicamente. Cuando pasé sumisa por el estante de los Doritos, le agradecí a Dios porque ya no me sentiría tentada a comer esas tortillas chips, que muchas veces definía como mi talón de Aquiles. Y estaba agradecida porque quizás ahora mis síntomas alérgicos finalmente disminuirían.

Mientras me marchaba en mi auto, vi a un adolescente que parecía contento a pesar de estar respirando mediante un tubo de oxígeno. Aunque debido a mis pulmones asmáticos había estado respirando con dificultad toda la mañana, al menos había una medicina que me ayudaba a respirar mejor. No necesitaba un tanque de oxígeno e incluso tenía la esperanza de que pronto me sentiría mejor. ¡Y por todo eso, estaba sumamente agradecida!

Un minuto de enseñanza con Fern

Elevar oraciones de acción de gracias expresa reconocimiento y gratitud por las respuestas de Dios. Este paso nos recuerda que nunca debemos dar por descontada la gracia de Dios en responder nuestras oraciones. Aunque la respuesta a nuestras oraciones sea contraria a lo que hemos pedido, nuestra acción de gracias expresa confianza en el plan de Dios y libera nuestro espíritu de la queja y la murmuración. Nuestro agradecimiento proclama que Dios es un Dios bueno, que Él no puede hacer nada contrario a su plan de hacernos bien. El beneficio de dar gracias es incalculable: ¡la paz de Dios! Las consecuencias de no dar gracias son la frustración y el estorbo a nuestras oraciones. El simple acto de dar gracias permite que Dios nos transforme a la imagen de su amado Hijo. ¡Decidamos tener un corazón agradecido pase lo que pase!

Da gracias en todo

En 1 Tesalonicenses 5:16-18 dice: "Estad siempre gozosos. Orad sin cesar. Dad gracias en todo, porque esta es la voluntad de Dios para con vosotros en Cristo Jesús". Dar gracias en *todo*. Piensa en esto por un momento. ¿Tienes problemas de salud? Agradece a Dios por estar contigo en esa circunstancia. ¿Tienes problemas de dinero? Agradece a Dios por suplir tus necesidades. ¿Necesitas hacerle arreglos a tu vivienda? Agradece a Dios porque tienes una casa donde habitar. ¿Tus hijos te están dando trabajo? Agradece a Dios por tener hijos y porque un día crecerán y pasarán esa etapa. (Y agradece a Dios porque cuando realmente llegue ese día en que empieces a extrañar el caos de esta etapa, tendrás dulces recuerdos de su fidelidad al darte consuelo y gozo.)

Todas tenemos momentos difíciles. Las dificultades son parte del maravilloso proceso de perfeccionamiento de Dios, mediante el cual nos moldea y nos recuerda que debemos acudir a nuestro Padre celestial para recibir sabiduría, fortaleza, paciencia y provisión. Dios se interesa mucho más por nuestro carácter que por nuestro bienestar. De hecho, la Biblia está llena de ejemplos de personas que atravesaron tiempos de sufrimiento y, sin embargo, decidieron dar gracias a Dios por la esperanza venidera.

· ·

Las dificultades son parte del maravilloso proceso de perfeccionamiento de Dios, mediante el cual nos moldea y nos recuerda que debemos acudir a nuestro Padre celestial para recibir sabiduría, fortaleza, paciencia y provisión.

· ·

El mandato a "dar gracias en todo" fue escrito por un hombre que había padecido tortura, encarcelamiento y naufragio. En 2 Corintios 11:24-27, Pablo nos da el ejemplo más increíble de obediencia a este mandato. Léelo y piensa en lo que has sufrido en el pasado o tal vez lo que estás sufriendo en este momento.

2 Corintios 11:24-27

De los judíos cinco veces he recibido cuarenta azotes menos uno. Tres veces he sido azotado con varas; una vez apedreado; tres veces he padecido naufragio; una noche y un día he estado como náufrago en alta mar; en caminos muchas veces; en peligros de ríos, peligros de ladrones, peligros de los de mi nación, peligros de los gentiles, peligros en la ciudad, peligros en el desierto, peligros en el mar, peligros entre falsos hermanos; en trabajo y fatiga, en muchos desvelos, en hambre y sed, en muchos ayunos, en frío y en desnudez.

A pesar de todo lo que había padecido, Pablo escribió: "Sé vivir humildemente, y sé tener abundancia; en todo y por todo estoy enseñado, así para estar saciado como para tener hambre, así para tener abundancia como para padecer necesidad. Todo lo puedo en Cristo que me fortalece" (Fil. 4:12-13).

Observa la última frase: "Todo lo puedo en Cristo que me fortalece". *¡Todo!* No tenemos que hacer nada en nuestras propias fuerzas ni siquiera ser agradecidas. ¿Te resulta difícil dejar de ser quejumbrosa, negativa y pesimista? Pídele a Dios que te ayude. Tal vez podrías empezar incluso por darle gracias porque no has tenido que sufrir todo lo que Pablo padeció.

Abundancia de acción de gracias, incluso en la escasez

Un país comunista estaba tan cerrado, que recibía novedades de allí solo cuando alguien me (Sally) traía cartas en persona. Hace varios años, una mujer me entregó una carta en una bolsita de plástico. Las personas de ese país comunista no tenían ninguna de las comodidades que disfrutamos en los Estados Unidos. La mayoría no tenía línea telefónica en su domicilio, mucho menos un celular. Y solo se les permitía comprar un saco de arroz por mes. Además de esa limitación, los huevos y la leche —incluso la leche en polvo— eran parte de una larga lista de artículos de primera necesidad que estaban restringidos. Pero estas mujeres no escribieron a Madres Unidas para Orar con una lista de necesidades y quejas. No, nos escribieron porque estaban agradecidas por la mano poderosa de Dios en su país.

En 2004, sin saberlo, una madre le dio a otra madre uno de los folletos de nuestro ministerio, que explica cómo reunir a las madres para orar por sus hijos y escuelas con los cuatro pasos de oración. Las madres cristianas de toda esa región estaban transmitiendo el poder de orar con fervor y denuedo en ese país que parecía estar cerrado al cristianismo. Siete años después, nos enteramos de lo que Dios estaba haciendo allí a través de esa mujer, a cuya primera reunión de Madres Unidas para Orar que llevó a cabo ¡asistieron doscientas mujeres!

Querían llevar a cabo otra reunión, pero había mucha escasez de alimentos. Una madre nos envió una carta muy motivadora.

> Aunque hay escasez de alimentos, el amor por el ministerio es mucho más fuerte. Cada una de las mujeres ha estado ahorrando una taza de arroz por mes por varios meses para prepararse para la gran reunión de febrero. Quieren estar seguras de que todas las que asistan a la reunión puedan disfrutar un plato de comida y comunión unas con otras mientras aprenden.
>
> Les estoy escribiendo esta carta para alentarlas y decirles que nada de lo que han hecho para el Señor volverá vacío; que incluso un simple folleto que han dejado en un país ha dado mucho fruto; que cuando oremos a nuestro Dios poderoso para que nos dé fruto en países que estamos tratando de ayudar, esperemos milagros. Que aunque no recibamos tanta información como nos gustaría, el Señor está obrando en secreto y que debemos confiar que Él ya ha establecido los grupos de oración y que muchos más están aún por comenzar.

Hoy ese pequeño país ha celebrado su décimo aniversario en Madres Unidas para Orar y cuentan con la participación de setecientas mujeres. El país está recibiendo el impacto de la oración.

La vida en ese país es difícil. Y para las madres es aún más difícil tratar de suplir las necesidades de sus hijos. Ahora pues imagina a una madre cristiana que trata de transmitir el amor de Cristo en un país que desprecia el cristianismo. Sin embargo, estas madres tenían esperanza. Perseveraban. El tono de la carta que recibimos era de agradecimiento y gozo, sin ningún vestigio de desesperación. ¿Cómo podemos tener una perspectiva como esa? Solo a través de Cristo. Estas madres habían puesto "la mira en las cosas de arriba" y permanecían firmes en medio de lo que describiríamos como una adversidad extraordinaria. Sabían que servían a un Salvador vivo. Confiaban en Él y estaban agradecidas a Él.

A veces (Sally) recibo cartas con el sello de "RECLUSAS" en el sobre, que vienen de mujeres que participan en uno de los grupos carcelarios. Madres Unidas para Orar tiene grupos en cárceles de cuarenta estados y algunas instituciones carcelarias tienen más de un grupo. Estas cartas tienen mucho valor para mí, porque las mujeres presas han perdido mucho. Han perdido su libertad, sus sueños y la posibilidad de estar con sus hijos para abrazarlos, educarlos, escucharlos y hablar con ellos. Pero Dios es el Dios que redime lo que se ha perdido.

Después que las mujeres de la cárcel conocen a Jesús, aprenden a orar por sus hijos. En cada cárcel donde tenemos grupos de Madres Unidas para Orar, las reclusas están influyendo en la vida de sus hijos a través de la oración. Una presa nos escribió una asombrosa carta de agradecimiento. Nos contó que estaba agradecida por estar presa, porque en la cárcel había encontrado a Jesús. Estaba agradecida a Dios porque, después de encontrar a Jesús, descubrió el grupo de Madres Unidas para Orar y aprendió a orar. Me dijo que pronto saldría de la cárcel y preguntó si podía unirse al grupo cuando saliera en libertad. Me llené de gozo y gratitud, porque sabía que esta madre de oración iba a bendecir a muchas otras madres al orar por sus hijos y escuelas después que estuviera en libertad. Ella decidió estar agradecida en vez de preocuparse por sus hijos o amargarse y enojarse por sus circunstancias. Su corazón está rebosante y sus oraciones son poderosas.

Muchas cartas de reclusas cuentan que sus hijos tienen una probabilidad mucho mayor de seguir sus pisadas, involucrarse en actividades ilegales y terminar presos. Estas prisioneras podrían tener temor o preocuparse por el futuro de sus hijos. Sin embargo, están aprendiendo a orar y ser agradecidas por todo lo que Dios está haciendo en sus vidas y en la vida de sus hijos. Veo 1 Tesalonicenses 5:16-18 hacerse realidad en sus vidas cuando aprenden a orar. "Estad siempre gozosos. Orad sin cesar. Dad gracias en todo, porque esta es la voluntad de Dios para con vosotros en Cristo Jesús". El secreto de un corazón agradecido en todo está revelado en las últimas palabras del versículo 18: "en Cristo Jesús". Recuerda que todo lo podemos en Cristo que nos fortalece, incluso ser agradecidas cuando es difícil.

Cristo es nuestro ejemplo

Nuestro Padre de amor sabe que la vida es difícil. Jesús sufrió el dolor de la humanidad cuando vivió en esta tierra. Él no nació en una habitación limpia con una partera experimentada, lista para ayudar a María a traerlo al mundo. Nació en un establo apestoso, probablemente, junto a otros animales. Más tarde un ángel le avisó a José que huyera con Jesús y María a Egipto. José no se detuvo a cuestionar al ángel, ni a empacar ni siquiera a hacer una taza de café. Obedeció de inmediato, se llevó a María y al pequeño Jesús y realizó ese largo viaje, porque confiaba que Dios tenía un plan mejor. No sabemos cuándo murió José, pero tal como Jesús lloró la muerte de Lázaro antes de resucitarlo, sin duda, también lloró la pérdida de José aquí en la tierra.

Imagina el tormento que Jesús recibió de los fariseos cuando a los treinta años empezó su ministerio terrenal. Después experimentó la traición de sus compañeros cercanos, seguida por el azote y el dolor que sufrió incluso antes de soportar la tortura en una cruz. Allí, antes de morir y resucitar, experimentó lo que debe haber sido el peor dolor de todos: estar separado de Dios, el Padre. Jesús y el Padre celestial son uno, así que imagina la agonía al sentir que te desprenden de parte de quien tú eres. Imagina que te arrancan todo lo bueno y santo de ti y que debes soportar la carga del pecado de toda la humanidad, pasada, presente y futura.

La vida puede ser difícil. El dolor es real. Servimos a un Salvador que resucitó y que entiende nuestro dolor. Sin embargo, aun así nos pide que demos gracias en todo. No nos está pidiendo que ignoremos el dolor y la tristeza; sino que pongamos nuestros ojos en Cristo. Cuando vemos nuestras dificultades desde la perspectiva de Cristo, podemos encontrar la manera de permanecer firmes y ser agradecidas en la vida al saber que aun nuestro dolor más profundo tiene un propósito cuando estamos en sus manos.

Cuando vemos nuestras *dificultades* desde la *perspectiva de Cristo*, podemos encontrar la manera de *permanecer firmes* y *ser agradecidas* en la vida al saber que aun nuestro *dolor* más profundo tiene un *propósito* cuando estamos en *sus manos*.

Sé agradecida, aunque te duela el corazón

Si conocieras a Sharon Gamble, lo primero que sentirías sería su espíritu dulce y apacible. Irradia el gozo del Señor, pero eso no significa que su vida sea fácil. De hecho, continúa teniendo oportunidades de decidir entre ser agradecida o estar triste o decepcionada. Sin embargo, la lección que aprendió sobre la necesidad de ser agradecida hace algunos años la ha ayudado a superar sus dificultades hasta el día de hoy. Esta es su historia.

Fue un tiempo difícil para nuestra familia. Nuestra hermosa hija se había dedicado tanto en sus estudios hasta el grado de quedar exhausta y tener que abandonar la universidad a mitad de año para volver a casa. Estaba totalmente agotada y extenuada con una necesidad extrema de descansar y reponerse. Mi corazón de madre se dolía por ella y a menudo clamaba a Dios para que me diera sabiduría para poder ayudarla mientras recuperaba fuerzas lentamente. Seguí asistiendo a mi grupo de Madres Unidas para Orar, pero por un tiempo me costó mucho la parte de acción de gracias de esa hora de oración. Escuchaba a otras madres que daban gracias a Dios por muchas cosas felices que estaban ocurriendo en la vida de sus hijos y me preguntaba cómo podía orar en esa parte. Poco a poco, Dios me reveló que tenía *mucho* para agradecer.

Gracias, Señor, porque mi hija está en casa con nosotros, donde podemos verla y abrazarla y darle refugio.

Gracias, Señor, porque nuestra hija está viva.

Gracias, Señor, por la maravillosa consejera que trajiste a nuestra vida, que incluso nos llama por teléfono a casa.

Semana tras semana, un agradecimiento tras otro, Dios me reveló que estaba obrando en medio de nuestra difícil situación. No creo que hubiera podido ver su mano sin esos momentos de acción de gracias de los cuatro pasos de oración. ¡Qué bueno es dar gracias a Dios! Ver su bondad, aunque sea difícil. Estaré por siempre agradecida por esa etapa de "agradecimiento sacrificial".

Aprendí mucho y aún hoy sigo aprendiendo a ver la mano de Dios cada día en los buenos y en los malos tiempos.

Da gracias aun en las lágrimas

Cuando mi hija (Cyndie) de quinto grado, Zoe, empezó a languidecer frente a mis propios ojos —a tal grado de adelgazar seis kilos, dormir todo el día y soportar un terrible dolor de "cadera" (más tarde se descubrió que era de colon)— leía reiteradamente los Salmos 42 y 43. Recuerdo haber aprendido de niña un cántico basado en el Salmo 42:1: "Como el ciervo brama por las corrientes de las aguas, así clama por ti, oh Dios, el alma mía". Pero no conocía la agonía que implicaban esas palabras. Mientras esperaba cada día, cada semana y luego cada mes que mi hija, una vez llena de vida, se recuperara y recobrara fuerzas y su salud, el Salmo 42 hacía eco dentro de mí. Si lees el capítulo, desprovista de todo sufrimiento personal, parecería un poco… bueno… perturbador. Las emociones del salmista pasan del dolor al recuerdo de quién es Dios y lo que Él puede hacer y luego otra vez al dolor. Sin embargo, así tal cual es como me sentía. Confiaba en Dios. Sabía que Dios tenía un plan mucho mejor. Pero me dolía el corazón.

Extrañaba a mi hija: una niña una vez activa y una alumna de quinto grado sumamente responsable, que solía ayudar a los niños de jardín de infantes con la lectura y colaboraba como voluntaria en la biblioteca. Era una de las dos niñas de toda la escuela que tenía el honor de doblar la bandera de los Estados Unidos cada día después de clases. Ahora, Zoe, que siempre había sido muy activa, ni siquiera podía viajar en auto sin que le causara nauseas. De la noche a la mañana se convirtió en una niña que no quería salir de casa y, lamentablemente, las respuestas médicas tardaron en llegar. Parecía tan frágil y estaba tan demacrada y pálida, que cuando tuvo la cita para que le practicaran una colonoscopía y una endoscopía (la que finalmente diagnosticó colitis) la recepcionista pensó que estaba allí para que le hicieran una transfusión de sangre. ¿Alguna vez viste a enfermeros llevarse a tus hijos en una camilla? ¡Ay! ¡Desgarrador! Y la espera es agonizante. Allí entendí las idas y vueltas de la desesperación a la esperanza del Salmo 42. Lee el salmo y fíjate si te puedes identificar.

Salmo 42

Como el ciervo brama por las corrientes de las aguas,
Así clama por ti, oh Dios, el alma mía.
Mi alma tiene sed de Dios, del Dios vivo;
¿Cuándo vendré, y me presentaré delante de Dios?
Fueron mis lágrimas mi pan de día y de noche,
Mientras me dicen todos los días: ¿Dónde está tu Dios?
Me acuerdo de estas cosas, y derramo mi alma dentro
     de mí;
De cómo yo fui con la multitud, y la conduje hasta la
     casa de Dios,
Entre voces de alegría y de alabanza del pueblo en fiesta.
¿Por qué te abates, oh alma mía,
Y te turbas dentro de mí?
Espera en Dios; porque aún he de alabarle,
Salvación mía y Dios mío.
Dios mío, mi alma está abatida en mí;
Me acordaré, por tanto, de ti desde la tierra del Jordán,
Y de los hermonitas, desde el monte de Mizar.
Un abismo llama a otro a la voz de tus cascadas;
Todas tus ondas y tus olas han pasado sobre mí.
Pero de día mandará Jehová su misericordia,
Y de noche su cántico estará conmigo,
Y mi oración al Dios de mi vida.
Diré a Dios: Roca mía, ¿por qué te has olvidado de mí?
¿Por qué andaré yo enlutado por la opresión del
     enemigo?
Como quien hiere mis huesos, mis enemigos me
     afrentan,
Diciéndome cada día: ¿Dónde está tu Dios?

> ¿Por qué te abates, oh alma mía,
> y por qué te turbas dentro de mí?
> Espera en Dios; porque aún he de alabarle,
> Salvación mía y Dios mío.

Ese último versículo resume cómo tener un corazón agradecido en medio del dolor y la desesperación. ¿Está inquieta tu alma? Dedica un momento a meditar en este pasaje. "¿Por qué te abates, oh alma mía, y por qué te turbas dentro de mí? Espera en Dios; porque aún he de alabarle, salvación mía y Dios mío". Cuando pones tu esperanza en Dios, tus ojos ven al Señor. La alabanza y la acción de gracias fluyen más naturalmente de un corazón que está puesto en el Señor.

¿Te cuesta dar gracias?

¿Estás pasando por un momento difícil? Pon tus ojos en Jesús para recibir esperanza y pararte en sus promesas. ¿Estás sufriendo por la difícil situación de un ser querido? Recuerda la promesa de Efesios 2:10: "Porque somos hechura suya, creados en Cristo Jesús para buenas obras, las cuales Dios preparó de antemano para que anduviésemos en ellas". ¡Ese ser querido tiene un propósito! Cuando mi hija se enfermó, estaba mayormente agradecida por poder confiar que Dios usaría todas las cosas para bien, como prometió en Romanos 8:28. Y esa era mi esperanza. Eso fue lo que me ayudó a seguir adelante y poner mi mente y mi corazón en las cosas de arriba, no en las de la tierra (Col. 3:1-2) y ver el presente con los ojos de la eternidad.

Desde luego que pude dar gracias por muchas pequeñas cosas a lo largo del proceso. Cada diagnóstico era una respuesta a la oración. Estábamos agradecidos, aunque el diagnóstico a menudo fuera alarmante. Lograr ver al especialista correcto —gastrointestinal, reumatólogo, alergista, audiólogo— también fue una respuesta a la oración y un motivo específico para dar gracias. También lo fue el poder transferir a mi hija a un programa de escolarización en el hogar antes de que dejaran de aceptar más estudiantes para el año.

Cada respuesta pequeña y grande nos animaba en el proceso y nos recordaba que oramos a un Dios de amor y poder, que se deleita en responder las oraciones de manera sorprendente, en el tiempo perfecto y para lograr el mejor resultado. Y ahora, después que mi hija ha recibido varios diagnósticos y ha estado tomando una serie de medicamentos durante casi dos años, tenemos el mejor motivo de todos para dar gracias: ¡Ha recuperado su vitalidad y energía! En su primer año en la escuela secundaria, se las ingenió para estar en el equipo de danza competitiva, coro, comedia musical y gimnasia. ¡Todo gracias a Dios!

¿Te cuesta dar gracias? Dios te entiende. Dile cómo te sientes. Pídele que te ayude a transformar tu mente y tu corazón para poder ser agradecida y permanecer firme. A continuación, hay otro salmo que refleja las luchas de nuestro corazón y se enfoca intencionalmente en la gratitud por los milagros pasados. Lee detenidamente esta parte del Salmo 77 para que puedas tener un corazón agradecido.

Salmo 77:8-14

¿Ha cesado para siempre su misericordia?
¿Se ha acabado perpetuamente su promesa?
¿Ha olvidado Dios el tener misericordia?
¿Ha encerrado con ira sus piedades?
Dije: Enfermedad mía es esta;
Traeré, pues, a la memoria los años de la diestra del
    Altísimo.
Me acordaré de las obras de JAH;
Sí, haré yo memoria de tus maravillas antiguas.
Meditaré en todas tus obras,
Y hablaré de tus hechos.
Oh Dios, santo es tu camino;
¿Qué dios es grande como nuestro Dios?
Tú eres el Dios que hace maravillas;
Hiciste notorio en los pueblos tu poder.

El Salmo 77 continúa con una lista de milagros específicos de Dios. El versículo 19 resume el hecho de que, aunque no vemos a Dios, Él está obrando. "En el mar fue tu camino, y tus sendas en las muchas aguas; y tus pisadas no fueron conocidas".

Cuando el temor se apodera de tu corazón, recuerda lo que Dios ha hecho en el pasado y dale las gracias. Permite que su paz te inunde mientras aprendes a permanecer firme e inquebrantable tal como nos instruye y nos anima el pasaje de Colosenses 3:15: "Y la paz de Dios gobierne en vuestros corazones, a la que asimismo fuisteis llamados en un solo cuerpo; y sed agradecidos".

5

Esgrime el arma secreta de la intercesión

No tenéis lo que deseáis, porque no pedís.
SANTIAGO 4:2

¿Qué situaciones normalmente te llenan de estrés, te roban la paz de Cristo y te provocan temor y preocupación?

Muchas veces perdemos la paz a causa de la preocupación por nuestros seres queridos, amistades, jefes, compañeros de trabajo, los líderes de nuestro país, los maestros de nuestros hijos, los que están en el ministerio… y la lista continúa. Nuestra preocupación es inútil porque no tenemos control sobre la vida de nadie ni sobre las decisiones, las enfermedades y otras cosas que los afectan. Pero Dios sí. Y por medio de Cristo tenemos un arma secreta que interviene en la vida de otros de manera positiva. Cuando le presentamos a Dios nuestra preocupación por otros, estamos esgrimiendo el arma secreta más poderosa: la oración intercesora. Cuando intercedemos en oración por alguien, invitamos a Dios a intervenir en la vida de esa persona. ¡Y vaya que interviene!

El arma de la intercesión

Dios nos manda a orar, y a orar específicamente. ¿Está tu hijo en dificultades? ¿Está tu esposo pasando por tentaciones? ¿Tienes una compañera de trabajo que necesita conocer a Cristo como su

Salvador? ¿Ha golpeado la enfermedad a un miembro de tu familia? ¿Está pasando alguna de tus amigas por una ruptura matrimonial? ¿Conoces a un pastor o líder cristiano que esté pasando por pruebas en su llamado? Cuando nuestro corazón se prepara por medio de la alabanza, la confesión y la acción de gracias, entonces podemos escuchar más claramente el corazón de Dios e interceder en oración por otros.

Poco después de mi conversión, (Sally) conocí el arma secreta de la oración de una manera sorprendente. Había estado tratando de convencer a mi madre de que necesitaba recibir a Cristo. Lo había intentado con palabras persuasivas, pasión y lágrimas. Sin embargo, puesto que mi padre era una persona intelectual recurrí a la oración. No lo hice porque reconociera el inmenso poder de la oración en ese entonces, no, sino porque era muy nueva en la fe y no me sentía muy segura para responder sus difíciles preguntas. Un día me alegré al enterarme de que mis padres estaban dispuestos a ir a la iglesia con nosotros, y pensé que mi madre estaría receptiva a aceptar a Cristo después de todas mis palabras persuasivas. Estaba segura de que la había convencido; sin embargo, ¡fue mi *padre* el que aceptó a Cristo!

Me humillé al darme cuenta de que había recurrido a la oración como último recurso, cuando debe ser el primero. Esta cita de Oswald Chambers lo explica muy bien: "Tendemos a usar la oración como último recurso, pero Dios quiere que sea nuestra primera medida defensiva. Oramos cuando no queda otra cosa por hacer, pero el Señor desea que oremos antes de hacer cualquier otra cosa".

Nuestro trabajo en oración es un gran llamado. Aunque mis palabras sembraron semillas para la posterior salvación de mi madre, Dios es el que atrae a cada persona para que le entregue su vida. Ahora, en vez de preocuparme por algo que se me escapa totalmente de las manos, oro. Y cuando oro por otros, Dios transforma sus vidas y, a la vez, transforma la mía.

Las oraciones de intercesión invitan a Dios a intervenir en favor de otros. Santiago 4:2 declara: "No tenéis lo que deseáis, porque no pedís". Aunque esto es para nuestras vidas, también se cumple cuando intercedemos en oración por otros. Volvamos a leer

Filipenses 4:6-7. Estos versículos nos mandan: "Por nada estéis afanosos, sino sean conocidas vuestras peticiones delante de Dios en toda oración y ruego, con acción de gracias. Y la paz de Dios, que sobrepasa todo entendimiento, guardará vuestros corazones y vuestros pensamientos en Cristo Jesús".

Tenemos que cambiar todos nuestros temores, nuestras preocupaciones y nuestra ansiedad por esa paz que sobrepasa todo entendimiento y que guarda nuestros corazones y nuestros pensamientos. ¿No quieres esa paz? Podemos cruzarnos de brazos y preocuparnos por nuestros seres queridos o podemos orar por ellos. En 2 Corintios 10:4 dice: "Porque las armas de nuestra milicia no son carnales, sino poderosas en Dios para la destrucción de fortalezas". Frente a las batallas físicas y espirituales, la oración es mucho más eficaz que la preocupación.

· ·

Podemos cruzarnos de brazos y preocuparnos por nuestros seres queridos o podemos orar por ellos.

· ·

Dios escucha cada oración

Cuando mi hijo David yacía en la cama de un hospital en muy grave estado debido a una perforación en sus intestinos, yo tenía dos opciones: entrar en pánico u orar. El Espíritu Santo calmó mis nervios y me arrodillé junto a la cama de David para rogar a Dios que sanara a mi hijo. En medio de mi agonía, una paz inexplicable inundó mi alma. Supe que Dios había escuchado mi oración. Sabía que ya fuera que Dios sanara a David en la tierra o en el cielo, Él cumpliría el mejor plan para su vida.

El médico experto que operó a David pudo extraerle la parte muerta del intestino causada por la enfermedad de Crohn. Y le cosió las partes buenas de sus intestinos. La enfermedad de Crohn era una parte nueva de su vida, sin embargo, Dios renovó en el corazón de mi hijo una nueva determinación. Después que salió del hospital, David cambió su perspectiva del éxito. Lo que vivió lo llevó a pensar que la vida es corta. Y esta reveladora verdad nos lleva a preguntarnos: "¿Cómo serviremos a Dios mientras Él nos dé vida?".

El Dios todopoderoso, Aquel que creó el cielo y la tierra con sus palabras, escucha y responde nuestras oraciones. ¿No es sorprendente? Me encantan estas promesas bíblicas sobre la oración:

- "Claman los justos, y Jehová oye, y los libra de todas sus angustias" (Sal. 34:17).

- "Acerquémonos, pues, confiadamente al trono de la gracia, para alcanzar misericordia y hallar gracia para el oportuno socorro" (He. 4:16).

- "El sacrificio de los impíos es abominación a Jehová; mas la oración de los rectos es su gozo" (Pr. 15:8).

- "La oración eficaz del justo puede mucho" (Stg. 5:16).

- "Por tanto, os digo que todo lo que pidiereis orando, creed que lo recibiréis, y os vendrá" (Mr. 11:24).

Piensa en las palabras de Dios en Ezequiel 22:30: "Y busqué entre ellos hombre que hiciese vallado y que se pusiese en la brecha delante de mí, a favor de la tierra, para que yo no la destruyese; y no lo hallé". ¡Oh! ¡Si permaneciéramos en la brecha por aquellos que conocemos... y por los que no conocemos también! La oración es poderosa y eficaz, y vale la pena pasar tiempo en la presencia de Dios y derramar nuestro corazón delante de Él, que nos escucha cuando intercedemos por otros.

Ora como Jesús

Nuestra meta es vivir como Cristo, y Él nos dio el ejemplo máximo de una vida de oración. Medita en la manera en que intercedió por Pedro en Lucas 22:31-32: "Simón, Simón, he aquí

Satanás os ha pedido para zarandearos como a trigo; pero yo he rogado por ti, que tu fe no falte; y tú, una vez vuelto, confirma a tus hermanos".

La oración de Jesús por todos nosotros está registrada en Juan 17. Lee sus palabras poderosas en los versículos 15 al 21 y dedica un tiempo a reflexionar en el ejemplo que Él nos dio al orar por otros y por el mundo.

Juan 17:15-21

No ruego que los quites del mundo, sino que los guardes del mal. No son del mundo, como tampoco yo soy del mundo. Santifícalos en tu verdad; tu palabra es verdad. Como tú me enviaste al mundo, así yo los he enviado al mundo. Y por ellos yo me santifico a mí mismo, para que también ellos sean santificados en la verdad. Mas no ruego solamente por éstos, sino también por los que han de creer en mí por la palabra de ellos, para que todos sean uno; como tú, oh Padre, en mí, y yo en ti, que también ellos sean uno en nosotros; para que el mundo crea que tú me enviaste.

Cristo sigue orando por nosotros. Lee Hebreos 7:25: "Puede también salvar perpetuamente a los que por él se acercan a Dios, viviendo siempre para interceder por ellos". ¡Increíble! Si Jesús sigue intercediendo por nosotros mientras está en el cielo, ¿no crees que nosotras también deberíamos interceder por otros mientras estamos aquí en la tierra?

La oración intercesora es una tarea muy importante en la cual el Espíritu Santo nos ayuda.

Y de igual manera el Espíritu nos ayuda en nuestra debilidad; pues qué hemos de pedir como conviene, no lo sabemos, pero el Espíritu mismo intercede por nosotros con gemidos indecibles. Mas el que escudriña los corazones sabe cuál es la intención del Espíritu, porque conforme a la voluntad de Dios intercede por los santos (Ro. 8:26-27).

Un año, en la escuela primaria de mis hijos, nuestro grupo de oración tomó como referencia el anuario para orar por cada niño y cada maestro de la escuela. Dios ensanchó nuestros corazones para no limitar la oración y pedir que todos los niños escucharan las buenas nuevas. Dios nos respondió esa oración y permitió en nuestra escuela la formación de una Comunidad de Evangelismo para Niños/un Club de las Buenas Nuevas. Yo era aún una cristiana bastante nueva, pero quería ayudar; de modo que me ofrecí como voluntaria para servir la merienda. Después de escuchar las buenas nuevas, eran tantos los niños que querían recibir a Jesús que me pidieron que orara por algunos de ellos. ¡Qué niños preciosos! Observaba esos rostros —los mismos niños por los que había estado orando— mientras ellos ponían sus pequeñas manitas entre las mías y yo los guiaba en la oración de salvación. ¡Qué maravilloso es interceder por la vida de alguien y que Dios nos use como canales para enviar la respuesta! Hoy día muchos de esos niños asisten a la universidad o ya han terminado sus estudios, y están influenciando a este mundo para Cristo. Y yo tengo la bendición de colaborar por medio de la oración.

· ·

Si Jesús sigue intercediendo por nosotros mientras está en el cielo, ¿no crees que nosotras también deberíamos interceder por otros mientras estamos aquí en la tierra?

· ·

A medida que aprendía a interceder, ¡comprobé que Dios también me transformaba a mí! En 2 Corintios 3:18 dice: "Por tanto, nosotros todos, mirando a cara descubierta como en un espejo la gloria del Señor, somos transformados de gloria en gloria en la misma imagen, como por el Espíritu del Señor".

Ponerse de acuerdo en oración

Orar con otra persona en un mismo espíritu es poderoso. En Mateo 18:19-20, Jesús dice: "Otra vez os digo, que si dos de vosotros se pusieren de acuerdo en la tierra acerca de cualquiera cosa que pidieren, les será hecho por mi Padre que está en los cielos. Porque donde están dos o tres congregados en mi nombre, allí estoy yo en medio de ellos".

La historia de Éxodo 17:8-13 nos muestra un ejemplo del acuerdo en la oración. Los israelitas habían salido a pelear contra el enemigo. Por su parte, Moisés subió a la cumbre de una colina para interceder por ellos. Cuando Moisés alzaba sus manos al Señor, los israelitas vencían. Pero cada vez que bajaba las manos, el enemigo tomaba ventaja. Sus compañeros en el servicio a Dios se unieron a él para orar por el pueblo de Israel como leemos en Éxodo 17:12-13: "Y las manos de Moisés se cansaban; por lo que tomaron una piedra, y la pusieron debajo de él, y se sentó sobre ella; y Aarón y Hur sostenían sus manos, el uno de un lado y el otro de otro; así hubo en sus manos firmeza hasta que se puso el sol. Y Josué deshizo a Amalec y a su pueblo a filo de espada". Trabajaron juntos y tuvieron la victoria.

En Lamentaciones 2:19 leemos: "Levántate, da voces en la noche, al comenzar las vigilias; derrama como agua tu corazón ante la presencia del Señor; alza tus manos a él implorando la vida de tus pequeñitos, que desfallecen de hambre en las entradas de todas las calles".

Dios quiere que oremos por la próxima generación, nuestras familias, nuestros amigos, nuestros vecinos, nuestra nación, etcétera. Pero solas podemos cansarnos y desanimarnos. Necesitamos que otros levanten figurativamente nuestras manos mientras oramos unánimes bajo la guía del Espíritu Santo. Cuando David yacía en la cama de un hospital muy grave debido a una perforación intestinal que propagó toxinas por todo su cuerpo, o se iba con el Señor al hogar celestial o bien volvía con nosotros a casa. De rodillas junto a su cama, le entregué la vida de mi hijo al Señor, pero no estaba sola. Mis hermanas espirituales de todo el mundo estaban orando por él. De hecho, mientras David estaba en el hospital, fui a Dallas esa misma semana para reunirme con más de mil guerreras de oración de todo el mundo. Mi esposo y mi hijo sabían que era el mejor lugar donde podía estar: en una reunión para orar con estas hermanas. Las mujeres me sostenían y me preguntaban cómo estaba mi hijo. Cuando anunciaron que, finalmente, había salido del hospital, el salón se llenó de júbilo y ovación.

Un minuto de enseñanza con Fern

¡Qué gran privilegio es unirnos a Jesús y orar conforme al corazón de Dios por aquellos que amamos y por cualquier persona que Él ponga en nuestro corazón! La Palabra de Dios, nuestra arma más importante, nos ayuda a orar eficazmente. Sus promesas son verdad y cada una de ellas está respaldada por el honor del nombre de Cristo. Reclamar una promesa de las Escrituras sobre la vida de nuestros hijos transforma nuestras oraciones pusilánimes en oraciones llenas de certeza que edifican nuestra fe. ¡Y nos llena de la expectativa y la esperanza de un milagro! ¿No es absolutamente asombroso pensar que el plan de Dios nos hace parte de su obra mediante nuestra oración intercesora? Realmente no podemos tener un ministerio ni una misión más importante que orar por otros.

La dádiva de orar juntas

Desde que mis hijos empezaron la escuela primaria, he estado participando de reuniones de oración unánimes junto a otras madres para interceder por nuestros hijos, sus compañeros de clase, sus maestros, el personal de la escuela y los niños del mundo. He visto obras milagrosas de Dios como resultado de nuestra intercesión unida. Cuando una madre está cansada o atribulada o tiene poca fe, estamos allí para presentar sus peticiones al Señor, tal como Aarón y Hur hicieron por Moisés. Siempre nos espera la victoria cuando le presentamos nuestra oración unánime al Señor. He visto a mujeres asustadas y desesperadas convertirse en mujeres de valor y paz al ver la respuesta de Dios a las oraciones de las mujeres que estaban orando junto a ellas por sus hijos.

Entonces, ¿cómo orar unánimes? ¿Cómo levantar nuestras cargas unas a otras en oración unánime? No necesitamos hablar extensamente sobre un problema. Solo empezar a orar. Cuando una preciada amiga está orando por su hijo descarriado, por ejemplo, la escucho atentamente y nos ponemos de acuerdo para orar. Luego permito que el Espíritu Santo ore a través de mí y a menudo oro por detalles que ni siquiera me ha contado, porque recibo claridad del Espíritu. Ambas seguimos haciendo oraciones sencillas sobre el mismo asunto. Oramos alternadamente y presentamos sus cargas a Jesús hasta que el asunto queda cubierto.

· ·

Siempre nos espera la victoria cuando le
presentamos nuestra oración unánime al Señor.

· ·

La oración conversacional y unánime es una oración en acuerdo, sencilla y breve. Mi amiga podría orar: "¡Oh Señor, mi hijo se ha alejado de ti! Ayúdalo a volver a tus caminos". Después yo podría orar: "Sí, Señor, ablanda su corazón de piedra para que sea conforme a tu corazón". Podríamos seguir orando alternadamente solo por este niño, hasta que el Espíritu Santo nos dirija a orar por otro asunto. Podríamos seguir orando por otra persona, tal vez, por mi propio hijo. Nunca dejo pasar la oportunidad de orar con otra persona por mi familia. Cuando alguien se deja guiar por el Espíritu Santo para orar por alguien allegado a mí, es como un regalo eterno para mi ser querido y de aliento y fuerzas para mí. A veces solo tengo fe del tamaño de una semilla de mostaza, porque estoy viendo la situación con mis propios ojos. La otra persona está orando con mucha fe, una fe que es contagiosa. Varias veces cuando me piden que ore por alguien, no conozco la situación a fondo, de modo que me abro al Señor y escucho atentamente al Espíritu Santo. El Espíritu Santo siempre sabe cómo orar mejor. ¡Y también conoce la mejor respuesta!

Conocemos tantas respuestas a la oración, que queremos terminar este capítulo con algunos testimonios.

Arlene Pellicane: Intercesión por su hijo de primer grado

Cuando el hijo de la escritora y conferencista Arlene Pellicane estaba en primer grado en una importante escuela pública, ella se unió a otras madres para orar por los alumnos y el personal, pero especialmente por su propio hijo Ethan.

Quería cubrir de oración su pequeña vida. En una reunión, les pedí a las madres que oraran para que Ethan encontrara amigos cristianos en la escuela. Al día siguiente, Ethan me dijo entusiasmado: "¡Adivina! Tengo un compañero cristiano en la escuela". Al escuchar a un chico cantar "Gozo del mundo es el Señor", Ethan le preguntó si era cristiano y él le dijo que sí. No solo estaba en la misma clase de Ethan, sino que se sentó al lado.

Mi esposo Santiago sintió que Dios lo guiaba a formar un club bíblico en la escuela donde pudieran reunirse una vez por semana después de clases. Las madres empezaron a orar por dirección y puertas abiertas. Santiago encontró una organización sin fines de lucro a la cual asociarse y realizó los trámites necesarios en el distrito escolar. Después de varios meses de espera, aprobaron el club aunque la directora de la escuela tenía algunas dudas sobre lo que podrían decir los demás padres. No sabíamos si alguien asistiría junto a nuestros hijos a esa primera actividad. Para nuestra sorpresa, ¡tuvimos veinticinco chicos el primer día! Cuatro años después, tenemos más de cien chicos registrados y más de sesenta y cinco que asisten cada semana. Los chicos cantan canciones de alabanza en el auditorio de la escuela, aprenden sobre la Biblia, juegan y ganan premios. Ha sido sumamente gratificante ver a mis hijos invitar a sus amigos. Es brindarles la experiencia de invitar a otros a conocer el amor de Dios. Los pequeños evangelistas pueden sembrar una gran cantidad de semillas.

No me caben dudas de que este club nació de la intercesión de mi grupo de Madres Unidas para Orar. Debido a sus oraciones apasionadas por la vida de los chicos de esta escuela, tenemos una puerta abierta para hablar del amor de Dios. Por si fuera poco, la directora de la escuela se ha convertido en una de nuestras más fuertes defensoras.

Nuestra arma más poderosa de todas: la oración

En las junglas de América Latina hay un pueblo que lleva el nombre de los insectos que abundan en esa región. Gracias a Dios, el evangelio llegó a esa aldea; una aldea donde las mujeres quedaron devastadas cuando los narcotraficantes, que se ocultaban en la jungla, se llevaron a sus hijos. Una de nuestras líderes principales sabía que Dios la había llamado a hablarles del poder de la oración a esas mujeres creyentes, pero desesperadas. Cuando leí su informe, (Sally) me gocé porque Dios les estaba dando a estas mujeres un arma poderosa. Cuando esta líder de Madres Unidas para Orar empezó a explicarles los poderosos cuatro pasos de oración y cómo interceder por sus hijos, las mujeres empezaron a llorar de gozo. Decían todo el tiempo: "Ahora podemos ver". Conocían la esperanza del evangelio y ahora habían aprendido el poder de la oración. Tenían —y todavía tienen— un arma con la cual pelear para tener la victoria contra el enemigo y restaurar la vida de sus hijos.

A diario, nunca sé a quién traerá Dios para que me cuente su historia. Una tarde, vino a mi oficina una pareja de un país comunista.

El esposo había sido hijo de misioneros cuando era niño. El primer esposo de su madre había sido asesinado por los pobladores de la aldea. Su madre, junto a las esposas de otros hombres asesinados, les predicaron a los asesinos de sus esposos y muchos recibieron a Jesús. Ya adulto, el hombre que me vino a ver a mi oficina, se volvió a su país comunista como un misionero. Allí conoció a su esposa, cuyos padres habían sido encarcelados por su fe en Jesús. Cuando ella iba a la escuela, las maestras la habían retado a abandonar su fe para no ir a la cárcel como sus padres. Pero ella se negó. Cuando sus propios hijos entraron en la escuela, ella empezó a interceder en secreto con otras madres cristianas por sus hijos y por el personal de la escuela. Los niños empezaron a conocer a Jesús igual que algunos de los maestros y del personal administrativo. Mientras ella lloraba, su esposo comentó: "¿Te das cuenta de que el ministerio de la oración está derribando las paredes del comunismo? Los niños están comprendiendo que el dios del comunismo no es el verdadero, sino nuestro Dios".

Hanaleigh Hazel Kaiser: La intercesión salva una vida

Nos encanta enterarnos de respuestas a la oración; especialmente de aquellos por los que hemos estado orando. Recientemente, una joven adulta me contó cómo el grupo de oración de su madre y su persistente intercesión por ella le salvó la vida. A los diecisiete años, Hanaleigh Hazel Kaiser dejó su hogar cristiano para irse a vivir con su novio. Eso comenzó una serie de relaciones física y sexualmente abusivas y un espiral descendente en la devastadora cultura de la droga, ya fuera por el uso como por la venta de metanfetaminas.

Estaba muy cansada de mi vida de drogas, sexo y delito; pero no podía abandonarla. Sentía que no tenía salida. Cuando entré en mi habitación para terminar con mi vida, tropecé, dejé caer la jeringa y me arrodillé. Estaba tan débil por no comer ni dormir durante cuarenta y tantos días que no me podía levantar. Mientras estaba arrodillada, recordé cuando de niña veía a mi madre postrada con su rostro sobre el piso, clamando a Dios en oración. Pensé en mi interior: *he probado de todo; tal vez puedo probar con Dios.*

Me postré con mi rostro sobre el piso y realmente oré por primera vez en cinco años. Esta fue mi oración: "Dios, si estás aquí, te ruego que me mates... o hagas algo". Me fui a la cama aquella noche y le di tiempo para que obrara. A la mañana siguiente, llamé a mis padres y les pedí que me fueran a buscar. Quería regresar a casa.

Ahora que estoy en casa, ¡estoy mejor que nunca! Asisto a la iglesia, a grupos de recuperación y a reuniones de Narcóticos Anónimos. Ahora Jesús es real para mí. De modo que, madres, dondequiera que estén, ¡no dejen de orar! Mi madre y otras tres mujeres de Madres Unidas para Orar —Sudie, Grace y Judy— ¡son los "ángeles" que, con sus oraciones, me sacaron del infierno!

Actualmente, Hanaleigh ha retomado sus estudios y está casada con un joven cristiano que también ha sido un hijo pródigo. Juntos sirven como ujieres en su iglesia y participan en un grupo pequeño. Como ella dice: "Dios es bueno".

Pam Farrel: El poder de orar juntas

La vida no ha sido fácil para la escritora y conferencista, Pam Farrel, sin embargo, ha aprendido a permanecer firme. Y ha animado a sus hijos a permanecer firmes también, a pesar de las vicisitudes de la vida. (Actualmente, está vendiendo la casa de sus sueños para ir a vivir en un barco durante un año para poder estar cerca de sus suegros.) En medio de esa difícil situación, Pam y su esposo Bill mantienen sus ojos en el Señor. Esta es la historia de Pam.

Siempre he sido una mujer de oración. La oración fue la manera de afrontar una niñez en un hogar lleno de violencia doméstica causada por el dolor del alcoholismo de mi padre. Debido a que quería una vida diferente, una vida mejor para nuestros hijos, llegó a ser natural para mí orar por cada uno de mis hijos desde el momento mismo en el cual me enteraba de que Dios me había permitido concebir. Como una madre novata, el día que tuve en mis brazos a mi primer hijo, Brock, oré que él (y todos nuestros futuros hijos) tuvieran una fe fuerte, firme, decidida e inquebrantable. Una de las frases de mi oración fue: "Que nuestros hijos puedan ser como el Daniel o José de la Biblia, dispuestos a quedarse solos por su fe si es necesario".

Como la mayoría de las madres, cuando mis hijos llegaron a los impredecibles años de la adolescencia, me preocupaba por ayudarles tomar decisiones sabias en un mundo carente de juicio. Yo era esposa de pastor y dirigía reuniones de oración semanales, tenía un diario de oración que usaba para orar por mis hijos y cada día oraba con mi esposo. Sin embargo, anhelaba tener un círculo de madres que se preocuparan realmente por sus hijos, las escuelas de sus hijos y el futuro de sus hijos.

Aunque nuestro hijo mayor estaba en la escuela secundaria, sabía que pasaría de la escuela cristiana que mi esposo administraba a una escuela secundaria pública para que pudiera practicar deportes y evangelizar a los estudiantes. Lo contactamos con la Comunidad de Atletas Cristianos, porque su plan inmediato era formar un grupo de atletas cristianos. Sentimos que Dios lo estaba posicionando para el liderazgo ya que Brock se estaba probando como mariscal de campo del equipo de fútbol americano de primer año de la escuela secundaria.

Una amiga me habló entusiasmada sobre un grupo de madres con las que oraba cada semana, así que asistí a mi primera reunión de Madres Unidas para Orar. Allí encontré mujeres de fe, dispuestas a orar con las Escrituras por los hijos de cada una y a ser sinceras, mostrarse vulnerables y ser valientes. Esas mujeres fueron mi apoyo de oración cuando mi hijo se estaba probando como mariscal de campo y cuando llevó a cabo su primera fiesta para chicos cristianos dispuestos a iniciar un grupo de atletas cristianos. Luego oraron por esos chicos y trabajaron para apoyarlos durante todo el transcurso de la escuela secundaria. Esas madres también oraron por Brock cuando organizó tres "fiestas de equipo" a la cual sus compañeros del equipo de fútbol, baloncesto y voleibol asistieron y disfrutaron de pizza, juegos y vídeos y escucharon a atletas profesionales hablar de su fe. También escucharon a Brock dar su testimonio de fe personal. Al final, Brock los guio en una oración para que ellos también pudieran iniciar una relación con Dios, su Creador. Para cuando Brock terminó su primer año de escuela secundaria, más de treinta y cinco de sus amigos habían iniciado una relación con Jesús y algunas de las madres habían empezado a asistir a Madres Unidas para Orar, de las cuales algunas también habían llegado a la fe cristiana.

Nuestro grupo de madres oraba para que los adolescentes pudieran tener una fe inquebrantable. Y algunos días se destacan como respuestas vívidas a esas oraciones. Cuando Brock empezó a jugar como mariscal de campo del equipo de la escuela, a sus dieciséis años, quería hacer una declaración pública de su fe. Entonces llamó a sus compañeros de equipo y les dijo: "Esta semana, después que le ganemos al equipo de Fallbrook, voy a ir a la línea de 50 yardas para orar. ¿Vendrán conmigo?". Todos dijeron: "¡Allí estaremos!".

Bill y yo oramos por y con Brock aquella mañana, y más tarde mi grupo de Madres Unidas para Orar se reunió también a orar. Aquella noche, el equipo de Brock perdió 38-0. Todos los chicos se fueron del campo de juego; todos menos Brock, que fue directo a la línea de 50 yardas. Allí solo, se arrodilló y oró.

Parada al lado de mi esposo, le dije a Bill: "Cariño, se quedó solo. ¿Corro hasta allí para orar con él?". Mi sabio esposo me dijo: "Claro, sí, Pam, eso es lo que quiere un mariscal de campo del equipo de su escuela, ¡que su mami vaya a rescatarlo!".

En ese momento recordé la oración que había hecho hacía algunos años. *Ayúdalo a quedarse solo por ti, Dios.* Y ahora, allí estaba. *Dios responde las oraciones.*

En seguida, tres jugadores del equipo *contrario* se unieron a Brock en la línea y oraron. Después del partido algunos de los líderes de jóvenes de Brock de la Cruzada Estudiantil y de la Comunidad de Atletas Cristianos fueron a alentar a Brock. Nosotros acabábamos de entrar en campo de juego.

Al llegar, tomé el rostro de Brock entre mis manos y le dije: "Jamás me he sentido más orgullosa de ti. Sé que hoy ha sido uno de los peores días de tu vida, pero cumpliste tu palabra con Dios".

Cuando llegó al último año de la escuela secundaria, el grupo de atletas cristianos que Brock había formado llegó a tener alrededor de doscientos estudiantes, donde casi todos tenían alguna participación. Le pedimos a Brock que predicara con su padre en el fin de semana de graduación. Le animamos a contar qué fue lo que le había ayudado a tomar decisiones sabias y a caminar en la clase de integridad y liderazgo que le había permitido obtener galardones, becas y oportunidades: ese "futuro y una esperanza" que a menudo las madres pedimos en oración para nuestros hijos.

Una de las frases favoritas de ese sermón fue sobre el grupo de Madres Unidas para Orar: "Quiero agradecer a mi madre y a las demás madres. Sus oraciones fueron como un escudo magnético que me guardaron de cometer alguna tontería y me dieron el valor de defender la verdad. Esas oraciones me dieron una visión de cómo Dios podía usarme para que mis compañeros conocieran a Jesús y la vida abundante que Dios nos ofrece a todos si tenemos el valor de decirle sí a Cristo".

Nuestro grupo de oración también pasó mucho tiempo orando por la pureza de nuestros hijos y sus futuros cónyuges. Mientras asistía a la universidad, Brock conoció a su futura esposa, Hannah, una encantadora joven cristiana. *Dios responde las oraciones.* Actualmente, Brock es profesor y entrenador de fútbol, dedicado a desarrollar en los adolescentes las mismas cualidades de liderazgo por las que nosotros orábamos para él. Y Hannah es una madre de tres hijos, que ora y celebra la característica única de cada uno de nuestros nietos. Brock da clases optativas de "liderazgo" en la escuela pública, donde cumple la función de entrenador titular. Esas clases tienen una asistencia de casi cien jóvenes que están aprendiendo los valores bíblicos sobre los cuales edificar su vida. En una sociedad donde más de la mitad de los chicos no tiene un padre en el hogar, Brock podría llegar a ser lo más cercano a un padre que esos adolescentes conozcan.

Una de nuestras oraciones más vehementes por nuestra familia es que podamos dejar un legado de amor y que todos nosotros, padres e hijos, podamos permanecer firmes en este mundo. Dios está respondiendo esas oraciones y cada vez nos muestra que es fiel. Podemos confiar en el carácter *inquebrantable* de Dios al orar que cada una de nosotras podamos vivir y amar con una fe inquebrantable.

Ora sin cesar

Al considerar los cuatro pasos de oración, podrías sentirte tentada a pensar que eso solo funciona para un momento de oración determinado. Sí, los cuatro pasos de oración nos ofrecen una manera estratégica de orar con otras personas y permanecer enfocadas mientras oramos. Pero queremos alentarte a cumplir el mandato de 1 Tesalonicenses 5:17 de "ora[r] sin cesar". En los capítulos siguientes veremos cómo podemos integrar la alabanza, la confesión, la acción de gracias y la intercesión en nuestra vida diaria, de modo que podamos transformar los temores que nos perturban en oraciones inquebrantables.

Cuando lleguemos a ser mujeres de alabanza, confesión, acción de gracias e intercesión, nuestra vida será transformada. Nuestra relación con Cristo será más profunda y —no importa qué tormentas se avecinen— podremos permanecer firmes en el amor y la paz de Dios.

Podemos confiar en *el carácter inquebrantable de Dios* al orar que cada una de nosotras podamos *vivir* y amar con *una fe inquebrantable*.

—Pam Farrel

Parte 3

Ora con poder y paz

6

Ora con las mismas palabras de Dios

Y esta es la confianza que tenemos en él, que si pedimos
alguna cosa conforme a su voluntad, él nos oye. Y si
sabemos que él nos oye en cualquiera cosa que pidamos,
sabemos que tenemos las peticiones que le hayamos hecho.

1 Juan 5:14-15

¡Qué promesa poderosa tenemos en 1 Juan 5:14-15! Dios dice que nos dará cualquiera cosa que pidamos. No dice que Él *podría* responder la oración o que a veces dirá que no. Dice que "tenemos las peticiones que le hayamos hecho". ¡Eso es el 100% de las veces! De acuerdo, puede que no sea en nuestro tiempo, pero siempre es en el tiempo perfecto de Dios. Y la respuesta siempre es sí.

Pero hay una salvedad: debemos pedir *conforme a su voluntad*. ¡Ah! Eso es lo complicado. ¿Cómo sabemos cuál es la voluntad de Dios? La única manera de saber verdaderamente cuál es la voluntad de Dios es orar con palabras de las Escrituras. Como leemos en 2 Timoteo 3:16: "Toda la Escritura es inspirada por Dios, y útil para enseñar, para redargüir, para corregir, para instruir en justicia". Cuando (Sally) era una madre joven y una nueva creyente en Cristo, nunca había orado en voz alta. De modo que cuando fui a mi primera reunión de Madres Unidas para Orar, me limité a escuchar. Durante seis semanas solo escuchaba y oraba en mi corazón, pero no decía una palabra. Me encantaba oír las oraciones dirigidas por el Espíritu Santo, que otras mujeres hacían por mis hijos. Sin embargo, tenía demasiada vergüenza para orar en voz alta. Pero después de seis semanas, reuní suficiente valor para orar audiblemente por mi hijo con palabras de las Escrituras. El Espíritu Santo me dio el valor de declarar su Palabra y confesar su verdad en oración sobre la vida de mi hijo. La experiencia de orar por mi hijo y escuchar a otras madres orar por él me cambió la vida. Esta pasó a ser mi nueva prioridad para mis hijos.

Las respuestas de Dios fluían a raudales ese primer año, nuestro grupo fue testigo de milagros impresionantes. Dios sanó a niños de enfermedades graves. Vimos cambios en las actitudes y la conducta de los chicos. Oramos que cada chico escuchara el mensaje de las buenas nuevas. Dios trajo un Club de las Buenas Nuevas a nuestra escuela, y varias maestras de nuestra escuela primaria aceptaron a Cristo como su Salvador.

Finalmente, empecé a dirigir mi propio grupo de Madres Unidas para Orar. Orábamos por los maestros de nuestra escuela pública con una adaptación de Hechos 26:18: "para que abras sus ojos [el nombre del maestro/a], para que se convierta[n] de las tinieblas a la luz, y de la potestad de Satanás a Dios; para que reciba[n], por la fe que es en mí, perdón de pecados y herencia entre los santificados". Un día una madre vino al grupo enojada con cierta maestra. Le dije: "¡Hoy vamos a orar por ella!".

Oramos por esa maestra semana tras semana y Dios nos dio más amor por ella. Al poco tiempo conoció al Señor y resultó ser que a mis dos hijos menores les tocó estar en su clase. Me sentí privilegiada de poder hablarle del Señor y la oración. Fue un honor verla crecer en la vida cristiana. Pero ella no fue la única maestra que se convirtió a Cristo en las instalaciones de la escuela pública. ¡Once maestras más vinieron a Cristo cuando oramos y declaramos el versículo de Hechos 26:18 sobre sus vidas!

¿Quieres ver a Dios obrar? Ora con las Escrituras por aquellos que forman parte de tu vida. ¿Cómo sabes si Dios va a responder tu oración? Si oras conforme a su voluntad, puedes estar segura de su respuesta. Y su voluntad es la poderosa Palabra de Dios, que nunca vuelve vacía. Dice en Isaías 55:10-11, la Palabra de Dios siempre cumple su propósito y su plan.

....

¿Quieres ver a Dios obrar? Ora con las Escrituras
por aquellos que forman parte de tu vida.

....

Cuando oré con las Escrituras por mi hijo

La primera vez que fui (Cyndie) madre, oraba por mi hijo, Elliott, y le pedía a Dios que cumpliera las palabras de Jesús que se encuentran en Mateo 22:37-40: "Amarás al Señor tu Dios con todo tu corazón, y con toda tu alma, y con toda tu mente. Este es el primero y grande mandamiento. Y el segundo es semejante: Amarás a tu prójimo como a ti mismo. De estos dos mandamientos depende toda la ley y los profetas".

De modo que basada en esos versículos, esta fue —y sigue siendo— mi oración por mis hijos:

"Señor, que Elliott y Zoe te amen con todo su corazón, con toda su alma y con toda su mente, y que amen a su prójimo como a sí mismos". Hace algunos años, cuando estaba leyendo el Antiguo Testamento en mi devocional privado, las palabras de 1 Samuel 2:26 saltaron de la página. "Y el joven Samuel iba creciendo, y era acepto delante de Dios y delante de los hombres". En ese momento, mi hijo apenas tenía 1.50 m de altura e iba a asistir a una gran escuela pública. Estaba preocupada por la posibilidad de que fuera vulnerable frente a las pandillas y los matones debido a su baja estatura, de modo que oré mucho por él con las palabras de 1 Samuel 2:26: "Señor, ayuda a Elliott a crecer en estatura y favor y que tú y los demás chicos lo acepten". Como escribí en mi libro *Cuando las madres oran juntas*, la dislexia de Elliott le trajo dificultades con las matemáticas, la ortografía y la lectura. Aunque lo colocaron en un Plan de Educación Especial (PEE), estaba preocupada por su desempeño escolar. ¿Estaría a la altura del rigor de la escuela secundaria? Entonces encontré este versículo: "Y Jesús crecía en sabiduría y en estatura, y en gracia para con Dios y los hombres" (Lc. 2:52).

Amplié mi oración: "Señor, ayuda a Elliott no solo a crecer y que sus compañeros lo acepten; sino también a crecer en sabiduría, tal como Jesús crecía en sabiduría y estatura y gracia para contigo y los hombres". Estos versículos quedaron tan grabados en mi mente, que la oración constante de mi corazón por él llegó a ser que pudiera crecer en sabiduría, estatura y gracia para con Dios y los hombres.

Pero Dios no respondió esas oraciones inmediatamente. Me río cuando pienso en nuestra primera cita con la consejera escolar de la escuela secundaria de Elliott. Un día de verano, antes que empezara su primer año de la escuela secundaria, Elliott se despertó con un nervio del cuello inflamado y apenas podía girar la cabeza. Lamentablemente, era justo el día que teníamos una cita con su consejera escolar, concertada previamente, para conversar sobre las clases del año lectivo. Mi hijo, que por lo general era un muchachito alegre, estaba enojado y no quería ir a ningún lugar con ese dolor, mucho menos a su nueva escuela. En la sala de espera se sentó en silencio y malhumorado. De alguna manera me divertía ver a los otros adolescentes callados y con cara larga hacerle un gesto de saludo, como si hubieran encontrado otra alma gemela, con el mismo fastidio porque sus padres los habían llevado forzados a la escuela en pleno verano para registrarse en las clases de ese año lectivo. Aunque me molestó que Elliott no mostrara su verdadera personalidad en esa primera reunión, aquel día tuve la confirmación de que necesitaba seguir orando.

Elliott venía de una pequeña escuela basada en la educación en el hogar donde se le elogiaba por sus aptitudes en vídeo, teatro, canto y batería. Y ahora estaba incorporándose en una escuela donde se elogiaba a los jóvenes por su destreza en los deportes, mientras que aquellos que se destacaban en las artes podían ser víctimas de burlas. Sin embargo, Dios nos dio paz sobre su asistencia a la escuela pública, donde recibiría ayuda adicional del Plan de Educación Especial y tendría la oportunidad de aprender lo que significa mantenerse firme en Cristo. Entonces oré y lo mismo hizo mi grupo de Madres Unidas para Orar y mi familia. Y Dios respondió.

Para cuando Elliott entró en la escuela secundaria, había crecido un par de centímetros, y le agradecí a Dios por responder la parte de las Escrituras de "crecer en estatura". Pero seguí orando para que creciera "en sabiduría y en estatura, y en gracia para con Dios y los hombres". Además de declarar en oración esos versículos, a menudo oraba por mis hijos con las palabras de Colosenses 3:23: "Que todo lo que Elliott y Zoe hagan, lo puedan hacer de corazón, como para ti, Señor".

Poco sabía que Dios usaría esas oraciones en conjunto. A medida que Elliott empezó a hacer todo "de corazón, como para el Señor" (Col. 3:23), los maestros lo notaron, y empezó a "crecer en gracia" para con ellos. A los meses de haber empezado su primer año en la escuela secundaria, asistió a una exposición escolar. Los puestos de decenas de colegios estaban repletos de estudiantes de todas las escuelas del distrito, sin embargo, escuchamos una dulce voz decir: "¡Hola Elliott!". Era su consejera escolar; aquella que fuimos a ver el día que él estaba malhumorado y apático. De los cientos de estudiantes que tenía bajo su supervisión, ella conocía a mi hijo por su nombre. ¿Por qué? No fue porque tuviera problemas en la escuela (sí, eso fue lo primero que pensé), sino porque era un joven educado, cordial y simpático.

A menudo Dios no nos envía la respuesta a nuestras peticiones de oración tan rápido. Pero Dios sabía que necesitaba recibir aliento para enfrentar esa aventura nueva y, de alguna manera, intimidante, llamada "escuela secundaria pública". Y Dios siguió ayudando a Elliott a crecer en sabiduría, estatura y gracia. La primera vez que estuvo en el cuadro de honor, no le creí hasta que me envió una foto con su nombre en la lista. Y, aunque el certificado analítico de su primer año de escuela secundaria estaba coronado por una *"D"* (poco satisfactorio) en Álgebra, logró superarse académicamente hasta ganarse una beca para la universidad.

Aunque en la primera semana de escuela le ofrecieron drogas (él las rechazó), un hombre extraño le quiso llevar en su auto mientras él volvía caminando de la escuela, uno de sus compañeros le provocaba y tuvo que confrontar a un estudiante más mayor que acababa de salir de un centro correccional de menores (más adelante se hicieron amigos), Dios protegió a Elliott y realmente respondió nuestras oraciones basadas en las Escrituras.

Por lo general, no se espera que les vaya bien a los estudiantes que están en el Plan de Educación Especial. Pero mientras Elliott crecía en sabiduría —y perseverancia—, el personal de la escuela lo notó y él creció en gracia delante de ellos. Fue un gran ejemplo del amor de Dios, que sobresalió en la escuela y lo ayudó a perseverar y ser fuerte.

A veces Dios nos da las palabras justas de las Escrituras

Marta Gemelli contó este testimonio sobre cómo Dios había obrado por medio de una oración inesperada basada en las Escrituras.

Si repasara los trece años de intercesión con decenas de mujeres en cada estado del país al que nos mudamos, donde orábamos por las diferentes escuelas a las que mis hijos asistieron, encuentro un elemento clave: orar con palabras de las Escrituras. Casi todas las historias del "obrar de Dios" tienen que ver con declarar en oración versículos de las Escrituras sobre la vida de mis hijos. He experimentado la veracidad de las palabras del apóstol Pablo a Timoteo en 2 Timoteo 3:16-17: "Toda la Escritura es inspirada por Dios, y útil para enseñar, para redargüir, para corregir, para instruir en justicia, a fin de que el hombre de Dios sea perfecto, enteramente preparado para toda buena obra".

El pasaje de las Escrituras menos probable quizás sea la mejor prueba del poder de orar con las mismas Palabras de Dios. Para mí, ese pasaje de las Escrituras es Joel 2:12-13. Una vez al año Madres Unidas para Orar pide a los grupos que usen una hoja de oración en común y que hagan llamadas en conferencia para orar juntas a lo largo y ancho de la nación. Me adherí a la petición e imprimí la hoja de oración para que en nuestro grupo pudiéramos orar unánimemente con las mujeres de Maine a California. Pero ¿y el pasaje de las Escrituras? *¡Uf!*

"'Ahora bien —afirma el SEÑOR—, vuélvanse a mí de todo corazón, con ayuno, llantos y lamentos'. Rásguense el corazón y no las vestiduras. Vuélvanse al SEÑOR su Dios, porque él es bondadoso y compasivo, lento para la ira y lleno de amor, cambia de parecer y no castiga" (Jl. 2:12-13, NVI). Mi grupo era de chicos de escuela secundaria. Los adolescentes no acostumbran a rasgarse las vestiduras. No se molestan en dar una imagen de falsa humildad. ¡No muestran ninguna señal externa de quebrantamiento! Dudaba que estos versículos pudieran tener alguna aplicación práctica en la vida de nuestros hijos. De hecho, en realidad, oré en mi corazón y dije: *¿En serio, Señor? ¿Quién eligió esto?* Declaré las palabras de esos versículos sobre la vida de mi hijo, pero no lo hice con el corazón.

Después oramos por Jackie (no es su verdadero nombre). Hacía más de un año que Jackie recibía terapia. Carolina, la madre de Jackie, y yo colocamos el nombre de Jackie en los versículos de Joel: "Señor, te pedimos que ayudes a Jackie a volverse a ti de todo corazón, con ayuno, llantos y lamentos. Enséñale a rasgarse el corazón y no las vestiduras. Que pueda volver a ti, Señor, su Dios, porque tú eres es bondadoso y compasivo, lento para la ira y lleno de amor, que cambias de parecer y no castigas a Jackie".

Aunque no estaba muy convencida y tenía algunas dudas, Dios me habló. De repente, tan claro como el día, Dios me mostró una imagen de Jackie, que se mutilaba y se cortaba a sí misma. No había terapia que pudiera sanar el dolor que llevaba a Jackie a flagelarse semana tras semana.

Dios me mostró que lo que Jackie hacía con su cuerpo al cortarse era la acción literal de "rasgarse las vestiduras" o su piel. Dios no quería eso. Él quería que Jackie se rasgara el corazón, que le abriera el corazón a *Él*. Dios no quería que ella se desgarrara la piel. Él estaba lleno de amor por Jackie y quería su corazón. Declaré esas palabras en oración. Me preguntaba si Carolina entendería lo que había orado. Y desde luego que entendió. El Espíritu guio nuestros corazones y abrió nuestra boca y nuestros oídos. Oramos unánimes. Hasta ese momento, no sabía que su manía de cortarse era tan grave. Sabía un poco, pero no lo suficiente para explicar cómo aplicar estos versículos al dolor de Jackie. Dios fue bueno y nos lo mostró. Cuando Carolina y yo terminamos de orar, no tuvimos duda alguna de que Dios *era* bondadoso y compasivo. Él no quería que Jackie sufriera de esa manera.

El obrar de Dios en nuestro corazón —el de Carolina y el mío- fue suficiente. Estábamos convencidas del gran amor e interés de Dios por Jackie y que la clave de su sanidad era su relación con el Señor. Aun así, ¡no estábamos preparadas para la obra que Dios haría casi inmediatamente en el corazón de Jackie!

A la mañana siguiente, Carolina me llamó. Era extraño, porque no solíamos hablar por teléfono. Más extraño aún fue el tono de la voz de Carolina. *Tenía* que llamarme. *Tenía* que contarme. Jackie había estado con su terapeuta varias horas después que oramos juntas. Cuando volvían de la sesión de terapia, Jackie le dijo: "Mamá, ya no me cortaré más. Esta noche me di cuenta de que, al cortarme, estoy dejando que Satanás deje sus marcas en mí. No voy a hacerlo más". Y no lo volvió a hacer. ¡Hasta el día de hoy! Las palabras de Jackie fueron un milagro y Carolina no podía creer que Dios obrara tan rápido después de *esta* oración, después de *orar con estas palabras de las Escrituras*. El mismo pasaje de las Escrituras que me había parecido difícil y que no venía al caso. Dios es bondadoso y compasivo. Y libró a Jackie de su castigo.

En nuestra debilidad, Dios puede ser fuerte. Eso es para mí orar con palabras de las Escrituras. Esperar no muy convencida un pequeño progreso, una respuesta confusa, un leve indicio de la voluntad de Dios. Pero las palabras de las Escrituras nada tienen que ver con eso, sino con la voluntad exacta de Dios. Es exactamente lo que Dios quiere para sus hijos; es decir para mí y mis queridos hijos. Las palabras de las Escrituras son la hoja de ruta que nos muestra la manera de orar por nuestros hijos. Me ha enseñado a hacer oraciones audaces, porque Él es un Dios audaz y las promesas de su Palabra son audaces. No puedo orar menos que eso.

Orar con la Palabra de Dios desata su poder

A menudo, en países donde la guerra espiritual es muy palpable, los testimonios son asombrosos. Madres Unidas para Orar Internacional en colaboración con ministerios misioneros ha enseñado los cuatro pasos de oración a mujeres de todo el mundo. Siempre (Sally) recordaré esta historia de una de las misioneras más valientes que conozco. ¡Con apenas 1,50 m de estatura, no hay jungla ni peligro que la intimide! Después que un grupo de mujeres escuchó el mensaje del evangelio y creyó, ella les enseñó a orar. Uno de los pasajes de las Escrituras que usó para enseñarles a orar por sus hijos fue Zacarías 2:5: "Yo seré para ella, dice Jehová, muro de fuego en derredor, y para gloria estaré en medio de ella". El hijo de una de las nuevas madres intercesoras, había caído en las manos de un brujo para ser ofrecido en sacrificio.

El grupo oró con las palabras de este versículo: "Señor, te pedimos que seas como muro de fuego en derredor de nuestros hijos, y para gloria tuya en medio de ellos". El brujo ya se había llevado por la fuerza al niño y lo había colocado en una mesa para el sacrificio, pero el niño seguía consciente y pudo escuchar al hombre exclamar: "No puedo tocarlo. Es como si hubiera un muro de fuego alrededor de él". Entonces el niño se levantó, se escapó y llegó a su casa a salvo. Luego dieron aviso a las autoridades, quienes atraparon al hombre que había tomado por la fuerza a este niño.

¿Quieres mejorar tu vida de oración? Conoce el poder de orar con palabras de las Escrituras.

Ahora te toca a ti

A continuación, vamos a enumerar algunas oraciones con palabras de las Escrituras, pero la Palabra de Dios está llena de versículos poderosos que puedes declarar en oración sobre tu vida y la vida de tus seres queridos. Cada día, cuando leas la Biblia, pídele a Dios que te muestre un versículo o un pasaje de las Escrituras para declarar en oración, con la certeza de que, cuando oras con la Palabra de Dios, estás orando en su voluntad. A veces puede ser de ayuda buscar los versículos en otras versiones de la Biblia, ya que algunas podrían ser más fáciles de orar que otras.

Al orar, recuerda 1 Juan 5:14-15. Dios promete responder las oraciones que hagas conforme a su voluntad, en su tiempo perfecto. Así que observa y espera la respuesta de Dios a tus oraciones que a veces nos sorprenden.

Cada oración de las Escrituras que aparecen aquí es una adaptación de los versículos bíblicos. Simplemente, pon el nombre de la persona por quien estás intercediendo. En el grupo de Madres Unidas para Orar, oramos por los niños, las escuelas y el personal docente. Pero esta manera poderosa de orar puede usarse para orar por tus amistades, tu esposo, tus padres, tus hermanos, tus compañeros de trabajo, compañeros de equipo, compañeros de clase, escuela o personal docente. Pídele a Dios que te muestre por quién deberías orar con cada uno de estos versículos de las Escrituras.

Cuando leas la Biblia, *pídele a Dios que te muestre* un versículo o un pasaje de las Escrituras para *declarar en oración*, con la certeza de que, cuando *oras con la Palabra de Dios*, estás orando *en su voluntad*.

Ora por otros con la Palabra de Dios

Altísimo Señor, te pido que en tu amor inagotable cuides que
_____ no tropiece. —Del Salmo 21:7 (NTV)

Soberano Señor, dale un corazón nuevo y pon en
_____ un espíritu nuevo. —De Ezequiel 36:26

Jesús, te pido que _____ crea en ti. —De Juan
14:1

Señor, muéstrale a _____ la senda de la vida; que en tu
presencia hay plenitud de gozo y delicias a tu diestra para siempre. —Del Salmo 16:11

Que en la multitud de los pensamientos dentro de_____,
tus consolaciones alegren su alma. —Del Salmo 94:19

Oro que _____ viva en armonía con otros. —De
Romanos 12:16 (NTV)

Señor, te pido por _____ para que seas su luz y su salvación. —Del Salmo 27:1

Dios te pido que le des a _____ cada vez más gracia y paz
a medida que crece en el conocimiento de Dios y de Jesús nuestro Señor. —De 2 Pedro 1:2 (NTV)

Dios, te pido que _____ pueda echar toda su ansiedad
sobre ti, porque tú tienes cuidado de su vida. —De 1 Pedro 5:7

Dios de paz, te pido que obres en _____ lo que a ti te
agrada. —De Hebreos 13:21

Dios, te pido que le des a _____ espíritu de sabiduría y de revelación en tu conocimiento. —De Efesios 1:17

Señor, que tu palabra esté muy cerca de _____, en su boca y en su corazón, para que la cumpla. —De Deuteronomio 30:14

Señor, te pido que nunca se aparten de _____ la misericordia y la verdad. Átalas a su cuello y escríbelas en su corazón. —De Proverbios 3:3

Dios, te pido que le des cada vez más gracia y paz a medida que _____ crece en tu conocimiento y en el de Jesús nuestro Señor. —De 2 Pedro 1:2 (ntv)

Eterno Dios, te pido que seas su refugio, y tus brazos eternos sostengan a _____. De Deuteronomio 33:27 (ntv)

Señor, que en tu luz _____ pueda ver la luz. —Del Salmo 36:9

Señor, te pido que el alma de _____ pueda alabarte. —De Lucas 1:46 (ntv)

Señor, te pido que _____ pueda cantar de tu misericordia perpetuamente; que de generación en generación haga notoria tu fidelidad con su boca. —Del Salmo 89:1

7

Ora por ti

*Tres veces he rogado al Señor, que lo quite de
mí. Y me ha dicho: Bástate mi gracia; porque
mi poder se perfecciona en la debilidad.*

2 Corintios 12:8-9

¿Quieres permanecer firme en las pruebas? Aprende a
orar por ti, así como oras por otros.

Si eres como yo (Cyndie), te resultará más fácil
orar por otros y pedir fortaleza, sabiduría, claridad, paz y fortaleza
mientras están pasando por pruebas. A menudo le pido a Dios que
use las dificultades para madurar el carácter de los demás. Pero ¿y
para mí? Quiero una solución *hoy*, una que sea conveniente y fácil, y
que redunde en una bendición financiera. Desde luego, sé que a Dios
le interesa más mi carácter que mi bienestar, y que a menudo aprendemos mejores lecciones de vida y a ser más semejantes a Cristo en
las pruebas más que en las bendiciones. Pero cuando le abro mi corazón a Dios, por lo general, no le ruego que me mande más pruebas
que me ayuden a ser más semejante a Cristo. Quiero una respuesta,
y le ruego que me responda *ahora*.

·····························

A menudo aprendemos mejores lecciones
de vida y a ser más semejantes a Cristo en
las pruebas más que en las bendiciones.

·····························

Cuando mi esposo perdió su empleo, estábamos destrozados. Orábamos para que rápidamente consiguiera un nuevo empleo, pero pasaban los meses y seguíamos esperando. Dios no nos dio otro empleo de inmediato; en cambio, nos *sustentó* con fortaleza, sabiduría y esa paz que sobrepasa todo entendimiento. La indemnización de mi esposo duró justo hasta que consiguió un nuevo empleo, que fue "mucho más de lo que jamás podríamos pedir o imaginar", ya fuera por el trabajo en sí, la calidad humana y la distancia a su lugar de trabajo. Sin embargo, durante el tiempo de espera, después de algunos meses, yo también empecé a buscar empleo. No sabía cómo iba a hacer para trabajar además de escolarizar en casa a mis hijos de primero y quinto grado como parte de un programa de la escuela pública experimental, escribir una columna para un periódico bisemanal y dirigir un estudio bíblico. Pero sentí el impulso de Dios de dar un paso de fe. Finalmente, debido a ese pequeño paso, me contrataron en la sede de Madres Unidas para Orar Internacional en 2007. Y allí era exactamente donde Dios me quería en ese momento. Como expresó la fundadora Fern Nichols: "¿Y quién sabe si para esta hora ha[s] llegado [aquí]?". Me encantó darle un aire nuevo al ministerio, empezar nuestra aventura en los medios de comunicación en las redes sociales, comenzar con el envío de oraciones basadas en las Escrituras a través del correo electrónico y trabajar para cambiar el nombre del ministerio de Madres en Contacto Internacional a Madres Unidas para Orar Internacional.

Ver nuestra vida en retrospectiva puede enseñarnos mucho. Aunque siempre queremos confiar en Dios en el presente, puede ser de gran aliento mirar atrás y darnos cuenta de que Dios *sabía* lo que estaba haciendo. Si Dios hubiera respondido mi oración de que mi esposo encontrara un empleo rápidamente, nunca me hubiera postulado para trabajar en Madres Unidas para Orar. Empecé como una especialista en comunicaciones a media jornada, lo cual me demandaba hacer bastantes malabares para atender a mis hijos. Después me ofrecieron un puesto a tiempo completo para dirigir el equipo de comunicaciones. ¡¿Cómo?! Lo rechacé varias veces hasta que al final escuché que Dios me decía: "confía en mí".

Tuve que dejar de lado todos mis temores en cuanto a quién recogería a mis hijos, cómo haría para ocuparme de la escolarización en casa y cómo sobreviviría en una carrera laboral, aunque al principio fue de media jornada, mientras me las ingeniaba para cumplir con mis responsabilidades en el hogar y la iglesia. Sin embargo, Dios siempre —*siempre*— cuidó de mis hijos. Nunca me ha dado una oportunidad en la que no haya cuidado de mi familia. Él me ha sustentado de varias maneras: con la disponibilidad de un día de campamento, amigas que me ayudaban a llevar y recoger a los niños de la escuela, abuelos y familiares que me dieron una mano. Dios siempre se encargó de que mis hijos estuvieran contentos y bien cuidados. Y, en muchos casos, al menos pude trabajar media jornada desde casa. Ahora me encanta animar a otras madres cuando Dios las llama a dar un paso de fe.

Cuando Dios dice: "Confía en mí"

Si Dios te está llamando a hacer algo diferente —cambiar de escuela, empezar o dejar de trabajar o iniciar una nueva actividad donde escuches claramente a Dios decirte "este es el camino, anda[d] por él" (Is. 30:21)— entonces Él se encargará de todos los detalles. Después de todo, Él ama realmente a tu familia aún más que tú. Ora y mira cómo Dios se ocupa de cada detalle de manera sorprendente.

Si Dios hubiera respondido mi plegaria de que mi esposo encontrara rápidamente un nuevo empleo, no nos hubiéramos admirado de su provisión. No le hubiéramos visto responder las peticiones muy específicas de un nuevo empleo para mi esposo. Yo no hubiera podido ayudar a Madres Unidas para Orar en un momento importantísimo en la historia del ministerio. No hubiera podido animar a las madres que tienen que volver a trabajar por razones financieras. Y, probablemente, no estaría escribiendo este libro con Sally. ¿Respondió Dios mi oración de un empleo para mi esposo como yo quería? En absoluto. Pero Él la respondió en su tiempo perfecto y de manera que pudiera cumplir su plan que era más grande.

·····························

Ora y mira cómo Dios se ocupa de cada detalle de manera sorprendente.

·····························

Ora por ti con las Escrituras

Con los años, he aprendido a orar por mí de diferentes maneras. Sí, todavía pido en oración cosas específicas, aunque sé que podrían o no ser la voluntad de Dios. Pero cuando declaro las Escrituras en oración sobre mi vida, estoy segura de que Dios siempre dirá que sí, porque estoy orando conforme a su sentir por mí. Me encanta el pasaje del Salmo 77:19-20: "En el mar fue tu camino, y tus sendas en las muchas aguas; y tus pisadas no fueron conocidas. Condujiste a tu pueblo como ovejas por mano de Moisés y de Aarón". Puede que no veamos las huellas de Dios cuando estamos pasando por aguas turbulentas, pero Él está allí para ayudarnos a atravesar esos momentos y permanecer firmes.

Cuando me siento abrumada, una de las mejores oraciones para mí es: "Señor, te pido que tu poder se perfeccione en mi debilidad". Cada vez que oro para recibir una sanidad inmediata —lo cual nunca sucede— me viene a la mente 2 Corintios 12:8-10, donde el apóstol

Pablo está sufriendo un dolor muy agudo al que se refiere como su "aguijón". Allí escribió:

> …tres veces he rogado al Señor, que lo quite de mí. Y me ha dicho: Bástate mi gracia; porque mi poder se perfecciona en la debilidad. Por tanto, de buena gana me gloriaré más bien en mis debilidades, para que repose sobre mí el poder de Cristo. Por lo cual, por amor a Cristo me gozo en las debilidades, en afrentas, en necesidades, en persecuciones, en angustias; porque cuando soy débil, entonces soy fuerte.

El apóstol Pablo oró y pidió que Dios le quitara el dolor, pero Él le dijo que su gracia era suficiente para él, porque el poder de Cristo se perfecciona en la debilidad. No sé tú, pero yo siempre estoy dispuesta a entregarle mi debilidad a Dios para que Él pueda llenarme de *su* poder, que es un poder mucho más grande del que yo podría tener en mis propias fuerzas.

No sé tú, pero yo
siempre estoy dispuesta
a entregarle *mi debilidad*
a Dios para que Él pueda
llenarme de *su poder*.

Dios te creó con un propósito único. Tú tienes tu propio llamado. Recuerda Efesios 2:10 (NTV): "Pues somos la obra maestra de Dios. Él nos creó de nuevo en Cristo Jesús, a fin de que hagamos las cosas buenas que preparó para nosotros tiempo atrás". No dice que solo tu esposo o tus hijos o esa mujer de la iglesia que admiras son obras maestras de Dios. *Tú* eres una obra maestra de Dios, y Él te creó con un propósito específico. ¿No es maravilloso? Si estás atenta, escucharás que el Espíritu Santo te guía hacia las "cosas buenas" que preparó para ti tiempo atrás. Como dice en Isaías 30:21, el Espíritu Santo te guiará y te dirá: "Este es el camino; anda[d] por él".

Dios te da el poder

La mayoría de las oportunidades de Dios requerirá dar un paso de fe. Recuerda que todo lo puedes en Cristo que te fortalece (Fil. 4:13). No tienes que hacer nada por ti misma. ¿No es maravilloso? Solo debes dar el primer paso y confiar que "irrevocables son los dones y el llamamiento de Dios" (Ro. 11:29). No seas igual que los fariseos. Como declara Lucas 7:30: "Mas los fariseos y los intérpretes de la ley desecharon los designios de Dios respecto de sí mismos". ¡No rechaces el propósito de Dios para tu vida! Ora que Dios te muestre su designio para tu vida y Él te guiará hacia esas oportunidades, si no lo ha hecho ya.

··································

Tú eres una obra maestra de Dios, y Él te creó con
un propósito específico. ¿No es maravilloso?

··································

Aquí te sugiero una oración basada en los versículos bíblicos que acabamos de estudiar:

¡Oh Señor, gracias por crearme como tú querías que fuera, con mis debilidades y todo! Gracias porque tu poder se perfecciona en mi debilidad. Gracias por crearme para las cosas buenas que preparaste para mí tiempo atrás. ¡Estoy asombrada! ¡Qué increíble que el Dios del universo me haya creado para que haga algo específico! Señor, ayúdame a no rechazar tu propósito para mi vida como hicieron los fariseos. Ayúdame a aceptar tus dones y tu llamamiento que son irrevocables, y a tener el valor de dar un paso de fe cada vez que escucho al Espíritu Santo decir "este es el camino; anda[d] por él".

A continuación, hay otros versículos poderosos que puedes orar y declarar sobre tu vida. Haz una oración cada vez y ve añadiendo poco a poco las otras oraciones. Podría ser de ayuda anotar tus oraciones basadas en las Escrituras en un diario personal para que puedas repasarlas y ver cómo Dios ha respondido tus peticiones.

Cuando necesitas ser transformada

Romanos 12:9-13

> El amor sea sin fingimiento. Aborreced lo malo, seguid lo bueno. Amaos los unos a los otros con amor fraternal; en cuanto a honra, prefiriéndoos los unos a los otros. En lo que requiere diligencia, no perezosos; fervientes en espíritu, sirviendo al Señor; gozosos en la esperanza; sufridos en la tribulación; constantes en la oración; compartiendo para las necesidades de los santos; practicando la hospitalidad.

Señor, ayúdame a amar sin fingir. Que pueda aborrecer lo malo de este mundo y seguir lo bueno. Ayúdame a amar a otros y preferir a los demás. Dame diligencia para no ser perezosa, sino ferviente en espíritu y en tu servicio. Señor, necesito que me ayudes a ser gozosa en la esperanza, sufrida en la tribulación, constante en la oración, a compartir lo que tengo con otros cristianos y a practicar la hospitalidad. Es mucho, pero confío que tu poder se perfecciona en mi debilidad. Guíame para que cada día pueda poner tus palabras en práctica.

Romanos 12:2

No os conforméis a este siglo, sino transformaos por medio de la renovación de vuestro entendimiento, para que comprobéis cuál sea la buena voluntad de Dios, agradable y perfecta.

Señor, dame tu fortaleza para no conformarme a este siglo, sino transformarme por medio de la renovación de mi entendimiento, para que pueda comprobar cuál es tu buena voluntad, agradable y perfecta.

Cuando te sientes frustrada

Cuando me ocupaba de la escolarización de mis hijos en casa, orar y declarar los versículos siguientes me ayudó a superar muchos días de frustración, especialmente el versículo 3: "Considerad a aquel que sufrió tal contradicción de pecadores contra sí mismo, para que vuestro ánimo no se canse hasta desmayar". Ahora me aferro a estos versículos muchas veces, no importa lo que pueda estar experimentando.

Hebreos 12:1-3

Por tanto, nosotros también, teniendo en derredor nuestro tan grande nube de testigos, despojémonos de todo peso y del pecado que nos asedia, y corramos con paciencia la carrera que tenemos por delante, puestos los ojos en Jesús, el autor y consumador de la fe, el cual por el gozo puesto delante de él sufrió la cruz, menospreciando el oprobio, y se sentó a la diestra del trono de Dios. Considerad a aquel que sufrió tal contradicción de pecadores contra sí mismo, para que vuestro ánimo no se canse hasta desmayar.

Señor, ayúdame a despojarme de todo peso y del pecado que me asedia para que pueda correr con paciencia la carrera que tengo por delante. Ayúdame a poner mis ojos en ti, Jesús,

el autor y consumador de mi fe. Tú soportaste la cruz y la vergüenza por el gozo de cumplir tu promesa y ofrecer salvación
a cada persona que te acepte en su vida.

Señor, así como tú sufriste tal contradicción, ayúdame a
soportar también la contradicción, ya sea de mis familiares y
conocidos o de la sociedad y las presiones culturales de hoy.
Solo tú puedes darme ánimo para no desmayar mientras corro
la carrera que has diseñado para mí.

Cuando el final parece muy lejano

El versículo siguiente es muy bueno para los tiempos de dificultades prolongadas, como por ejemplo, las madres de hijos pequeños,
las madres de hijos con necesidades especiales, las madres que se ocu-
pan de la escolarización de los hijos en el hogar, los estudiantes que
están haciendo frente a un plan de estudios exigente, los emplea-
dos que deben cumplir con plazos estrictos, los adultos que cuidan
de padres ancianos, las madres de hijos descarriados. ¡A las madres
de hijos adolescentes también les podría venir bien este versículo!

Filipenses 3:14

Prosigo a la meta, al premio del supremo llamamiento
de Dios en Cristo Jesús.

Señor, te ruego que me ayudes a proseguir a la meta, al premio de tu supremo llamamiento para mi vida. Algunos días
perseverar es difícil. Ayúdame a mantener mis ojos en ti y en
aquello que me has llamado a hacer.

Cuando añoras el pasado

¿Te cuesta dejar el pasado atrás, ya sea doloroso o feliz? ¿O se
acerca un cambio en algún área de tu vida y te resistes o te da temor?
¡Te encantarán estos versículos!

Isaías 43:18-19

No os acordéis de las cosas pasadas, ni traigáis a memoria las cosas antiguas. He aquí que yo hago cosa nueva; pronto saldrá a luz; ¿no la conoceréis? Otra vez abriré camino en el desierto, y ríos en la soledad.

Señor, ayúdame a olvidar los momentos difíciles de mi vida que me atormentan. Y ayúdame a no traer a la memoria las cosas antiguas, ya sea los momentos dolorosos como los felices. Recuérdame constantemente que estás haciendo algo nuevo. Ayúdame a aceptar el cambio y a comprender que en este tiempo de incertidumbre tú estás abriendo el camino en áreas que parecen desérticas y creando ríos en las áreas desoladas... como solo tú puedes hacer.

Cuando estás bajo ataque del enemigo y no sabes qué hacer

¿Estás enfrentando un ataque del enemigo y no sabes qué hacer?

2 Crónicas 20:12

...Porque en nosotros no hay fuerza contra tan grande multitud que viene contra nosotros; no sabemos qué hacer, y a ti volvemos nuestros ojos.

Oh, Señor, clamo a ti pues siento que el enemigo me está atacando en todos los frentes, y no sé qué hacer. Pero tú siempre sabes qué hacer, y en ti pongo mis ojos. Ayúdame a mirarte a ti y no las circunstancias que me rodean.

Isaías 26:3

Tú guardarás en completa paz a aquel cuyo pensamiento en ti persevera; porque en ti ha confiado.

> Señor, tú prometes que, si confío en ti, mis pensamientos perseverarán firmes en ti y me guardarás en paz. Ayúdame a confiar en ti.
>
> Ayúdame a mantener mi mente enfocada en ti para que pueda permanecer firme y experimentar tu paz.

Cuando necesitas aliento

Cuando (Sally) empecé a declarar la Palabra de Dios en oración sobre la vida de cada uno de mis hijos y vi que Dios respondía esas oraciones, quería experimentarlo en mi propia vida. Quería ser humilde y bondadosa y soportar a todos en amor. Quería ser fuerte y valiente. Quería crecer en sabiduría y conocimiento y vivir una vida digna de mi llamamiento. ¡Quería que Dios bendijera y tocara mi vida como lo hacía con mis hijos! No tenemos, porque no pedimos. De modo que le pedí a Dios que me permitiera ver este mundo desde su perspectiva y responder con su sabiduría y amor.

Dios ha aumentado mi fe en cada una de las peticiones que le hago. Mi oración preferida para mi vida es la misma que Jesús oró: "no se haga mi voluntad, sino la tuya". Cada día le rindo mi corazón, mi mente, mi alma y mi día. Esta oración de entrega es un dulce momento de gozo y paz. Estos son algunos de mis versículos de aliento favoritos, que declaro cuando oro por mí.

Jeremías 29:11 (NTV)

> Pues yo sé los planes que tengo para ustedes —dice el SEÑOR—. Son planes para lo bueno y no para lo malo, para darles un futuro y una esperanza.

> Señor, tú conoces mi futuro. En tus manos de poder están los planes para mi vida y esos planes son para darme un futuro y una esperanza. Cuando estoy desanimada, puedo descansar en tu cuidado y tus promesas. Ayúdame a poner mis ojos en ti y ver mi futuro con esperanza.

Proverbios 3:6

Reconócelo en todos tus caminos, y él enderezará tus veredas.

Dios, que tu sabiduría abunde en mí hoy y cada día. Te entrego mi vida, mis acciones, mis prioridades, mis relaciones y mis decisiones. Tú enderezarás mis veredas y me mostrarás el camino a seguir cuando esté insegura. Puedo permanecer firme, porque tus planes son inalterables.

Santiago 1:5

Y si alguno de vosotros tiene falta de sabiduría, pídala a Dios, el cual da a todos abundantemente y sin reproche, y le será dada.

Señor, vengo a ti con la necesidad de recibir aliento y sabiduría. Me he equivocado. He resbalado. Mis manos y mi corazón están abiertos, preparados para recibir tu regalo de sabiduría. Tu oferta es generosa y nunca les niegas tu sabiduría a tus hijos. Me levanta el ánimo y me fortalece saber que soy tu hija.

Salmo 16:8 (LBLA)

Al Señor he puesto continuamente delante de mí; porque está a mi diestra, permaneceré firme.

Mis ojos están puestos en ti. Cuando tú y tu amor están continuamente delante de mí, mi alma se llena de paz y seguridad. Aunque haya caos alrededor de mí, puedo poner mi mirada en ti y permanecer firme. Señor, estoy agradecida y emocionada por tu amor.

¿Estás atribulada? Pon tus ojos en el Señor y recuerda que Él siempre está a tu lado.

8

Transforma tus temores en oraciones

Creo; ayuda mi incredulidad.
MARCOS 9:24

¿A qué le temes? A menudo el temor a "¿qué pasa si sucede tal cosa?" nos tiene cautivas y nos impide desarrollar todo nuestro potencial y responder al llamado de Dios. La maternidad, por ejemplo, está plagada de temores desde que nos enteramos de que vamos a ser madres. A menudo, al temor a perder el embarazo le siguen el temor al parto, a los cuidados del bebé recién nacido y al constante temor de que nuestro pequeño milagro se accidente cuando empiece a gatear, caminar o correr. A medida que nuestros hijos crecen, nuestros temores también crecen y nos preocupamos por su seguridad, las malas amistades, demasiado tiempo frente a una pantalla, etcétera. Y después, cuando llega la adolescencia, empiezan a conducir. ¡Ay, Dios! Este es mi punto débil (Cyndie), el mismo por el cual necesito practicar los principios que enseñamos en *Permanece firme* para alejar de mí el temor… y más de una vez.

Mi hija acababa de cumplir dieciséis años y ya estábamos en el Departamento de Tránsito; yo esperaba en la vereda mientras ella se iba con una desconocida en mi antiguo vehículo utilitario. Un sentimiento de temor empezó a brotar en mí y, como generalmente sucede con la ansiedad, creció hasta invadir mi mente. De modo que ya no solo tenía temor de que no aprobara el examen, sino que chocara… ¡y perdiera la vida! Me río de mí misma cuando pienso cómo me invadió el temor. Respiré hondo y empecé a orar y a seguir los cuatro pasos de oración. Para no desconcentrarme, saqué mi teléfono celular y empecé a escribir partes de la oración en la sección de "notas".

> Señor, te alabo porque tú amas a Zoe incluso más que yo. Te alabo porque eres un Dios de paz, porque vives en ella y porque en este momento puedes llenarnos a ambas con tu paz. Perdóname por mi ansiedad y mi temor, y te doy gracias por haber respondido nuestra oración de que fuera una mujer simpática quien la examinara, especialmente después de haber visto que todos los examinadores eran hombres. ¡Gracias! Y, Señor, cubre a Zoe con tu paz. Calma su ansiedad. Ayúdala a concentrarse. Te ruego que el examen sea fácil. Y, si es tu voluntad, que pueda aprobarlo en esta primera vez.

Todavía estaba orando cuando, de repente, Zoe estaba parada frente a mí agitando su certificado. ¡Había aprobado el examen! Ahora bien, todas las madres que tienen hijos adolescentes que conducen un auto saben que el temor a que les pase algo no se termina cuando les entregan la licencia para conducir. Así que, cuando me siento muy intranquila, vuelvo a orar y a seguir los cuatro pasos de oración.

Inténtalo la próxima vez que te sobrevenga el temor. Cuando oramos y seguimos los pasos de alabanza, confesión, acción de gracias e intercesión dejamos de mirar nuestra situación presente (y cualquier situación que podríamos estar imaginando) y volvemos a poner nuestra mirada en el Señor para poder permanecer firmes e inquebrantables.

"Esfuérzate y sé valiente"

Repetidas veces leemos en las Escrituras "no tengas temor" o "esfuérzate y sé valiente". ¿Por qué? Porque está en la naturaleza humana sentir temor frente a los retos de la vida. Pero con Cristo, podemos permanecer firmes e inquebrantables aun frente al peligro. La naturaleza humana tiene la necesidad innata de normalidad; pero el Señor a menudo nos saca de nuestra zona de comodidad para que podamos aprender a ser fuertes solo en Él.

Piensa en Josué en el Antiguo Testamento. Dios le estaba pidiendo que guiara a los israelitas como lo había hecho Moisés. ¿Puedes imaginar lo que pudo haber pensado? Moisés había sacado a los israelitas de la esclavitud. Fue el que se comunicaba directamente con Dios y recibió los Diez Mandamientos, así como otras instrucciones para tener una vida piadosa. Moisés fue el único ser humano que tuvo un atisbo de Dios. Y ahora Dios quería que Josué tomara el lugar de Moisés y llevara a los israelitas a la tierra prometida; la misma tierra a la que se habían negado a entrar hacía cuarenta años. Podemos imaginar cómo debe haberse sentido, porque en Josué 1 Dios le repite varias veces que se esfuerce y sea valiente. Fíjate lo que dice:

Josué 1:6-9

> Esfuérzate y sé valiente; porque tú repartirás a este pueblo por heredad la tierra de la cual juré a sus padres que la daría a ellos. Solamente esfuérzate y sé muy valiente, para cuidar de hacer conforme a toda la ley que mi siervo Moisés te mandó; no te apartes de ella ni a diestra ni a siniestra, para que seas prosperado en todas las cosas que emprendas. Nunca se apartará de tu boca este libro de la ley, sino que de día y de noche meditarás en él, para que guardes y hagas conforme a todo lo que en él está escrito; porque entonces harás prosperar tu camino, y todo te saldrá bien. Mira que te mando que te esfuerces

y seas valiente; no temas ni desmayes, porque Jehová tu
Dios estará contigo en dondequiera que vayas.

Dios le dijo estas palabras a Josué porque necesitaba escuchar-
las. Al igual que Moisés, Josué tenía un importante llamado en su
vida. No solo estaba reemplazando a un poderoso hombre de Dios,
sino que guiaría al pueblo escogido de Dios a conquistar la tierra
prometida en contra de feroces enemigos. ¿Necesitas escuchar las
palabras de Josué 1:9? "Mira que te mando que te esfuerces y seas
valiente; no temas ni desmayes, porque Jehová tu Dios estará contigo en dondequiera que vayas". Repite este versículo tantas veces
como lo necesites. Dios estuvo con Josué y fue fiel a su promesa.
Josué cumplió su propósito, glorificó el nombre de Dios y cambió
la historia de una nación y una tierra.

· ·

La naturaleza humana tiene la necesidad innata
de normalidad; pero el Señor a menudo nos
saca de nuestra zona de comodidad para que
podamos aprender a ser fuertes solo en Él.

· ·

Nosotras tenemos un llamado similar. No, es probable que no
guiemos a toda una nación hacia la tierra prometida. Pero Dios ha
determinado un buen propósito para cada una de nosotras, y necesitamos su fortaleza para cumplirlo. A veces, dar el paso de fe de
enseñar en la escuela dominical, invitar a una amiga a la iglesia,
pedirle a otra persona que ore regularmente contigo o cualquier
cosa que Dios te esté llamando a hacer, requiere valor ¡y mucho!
Pero Dios promete que estará contigo. Él nunca te pedirá que des
un paso de fe sin darte la fortaleza para hacerlo. Él solo pide vasijas
vacías que le permitan al Espíritu Santo guiarlas, dirigirlas y que Dios
las use para cumplir sus planes buenos y justos. Debemos obedecer

el llamado de Dios en nuestra vida, alcanzar a nuestros seres queridos y al mundo para Cristo y glorificar su nombre. Sí, puede ser aterrador, pero Dios está con nosotras dondequiera que vayamos.

A continuación, encontrarás historias de mujeres que han transformado sus temores en oraciones y han visto a Dios sustentarlas de maneras sorprendentes.

Una líder con el poder del Espíritu Santo

Me había aferrado (Sally) a Josué 1 desde la primera vez que escuché el susurro de Dios al pedirme que diera un enorme paso de fe. Fern Nichols fue la fundadora y la presidenta de Madres Unidas para Orar Internacional durante treinta años. Bajo su maravilloso liderazgo, Dios prosperó el ministerio, que pasó de ser un grupo de madres que oraban por sus hijos en una escuela a grupos de madres que oran en más de ciento cuarenta países. ¡Impresionante! Nunca podría haber hecho lo que ella hizo. Sin embargo, allí estaba Dios extendiendo su mano hacia mí y diciéndome "esfuérzate y sé valiente porque tú guiarás a este pueblo". Mientras la junta se reunía para deliberar y orar sobre la decisión, yo oré para que si no era la voluntad de Dios, no me eligieran. Sabía que podía convertirme en presidenta de este ministerio que transforma vidas solo si Dios iba delante. Si no, sería imposible.

Después que tomaron la decisión de que yo ocupara esa posición, por la noche el enemigo llenó mi mente de temor y duda, aunque había orado y sabía que mujeres de todo el mundo habían estado orando para que Dios confirmara quién debía suceder a Fern. "Lo vas a echar todo a perder —me decía el enemigo—. Te vas a equivocar; esto es demasiado grande para ti". Y así sin parar. No pude dormir durante varias noches. Entonces empecé a leer el Salmo 91 antes de ir a la cama. Cuando el enemigo viniera a mi mente, yo le respondería: "Sí, me voy a equivocar, pero este es un ministerio de Dios, y Él siempre tendrá la victoria. Yo solo soy una vasija; Él obra a través de mí para su gloria y su buen propósito". Pronto la paz que sobrepasa todo entendimiento guardó mi corazón y mi mente en Cristo. Yo no puedo dirigir este ministerio en mis propias fuerzas.

Cada día le entrego mi trabajo a Dios y me someto a su dirección. Así como Él dirigió a Josué dirigirá a cada una de nosotras, si solo damos el paso de fe con la confianza de que Dios será nuestra fortaleza en la debilidad. Recuerda Filipenses 1:6: "El que comenzó en vosotros la buena obra, la perfeccionará hasta el día de Jesucristo".

En mi nueva posición, me he emocionado al conocer maravillosas mujeres de Dios que están cumpliendo el buen propósito de Dios para sus vidas. Si hubiera permitido al enemigo llenarme de temor, me hubiera perdido esta increíble oportunidad de servir a Dios y servir a otros. No hubiera conocido a Dios de una manera poderosa y no hubiera sido testigo de sus obras milagrosas en la vida de muchos.

Cuando estaba en una conferencia europea de Madres Unidas para Orar, me inspiró escuchar la historia de mujeres que permanecieron firmes e inquebrantables a pesar de vivir en países donde el cristianismo se considera solo parte de la historia cultural, nada relevante para la sociedad de hoy. Sin embargo, una y otra vez conocí a estas familias llenas de fe que viven para Cristo. Muchas de las líderes principales de los trece países representados en la conferencia han hecho sacrificios con gran gozo. El Espíritu Santo realmente está obrando en Europa.

"Sí, **me voy** a equivocar, pero este es *un ministerio de Dios*, y Él *siempre tendrá la victoria*.

Yo solo soy una vasija; Él obra a través de mí para *su gloria* y *su buen propósito*".

—Sally Burke

Kathrin Larsen es nuestra directora de Madres Unidas para Orar en Europa, a cargo de la supervisión de estos veintidós países. ¡Una mujer con un verdadero corazón de servicio! Es una líder abnegada y poderosa, que se ha consagrado a Cristo en amor por Él, sus mujeres y su obra para nuestro ministerio. Hemos visto la influencia de su liderazgo por toda Europa. Así que imagina mi sorpresa cuando su esposo nos agradeció porque el ministerio había transformado a su esposa tímida y temerosa. ¿Tímida? ¿Temerosa? ¡Jamás lo imaginamos! Dios solo necesita un corazón dispuesto, y nos ayudará a vivir Efesios 2:10 en sus fuerzas y su poder.

Aquí hay algunas historias más de cómo Dios ayudó a algunas mujeres a transformar sus temores en oraciones.

Becky: El temor por un hijo destruido por las drogas

Cada decisión por Cristo es individual. Y no vamos a ir al cielo como familia; cada hijo debe tomar su propia decisión de seguir a Cristo. Becky es una mujer de Dios con una sonrisa que irradia el gozo del Señor. Ella y su esposo son fieles voluntarios en una iglesia, donde cada semana enseñan a los niños de la escuela dominical. Pero, como madre, Becky nos cuenta su terrible historia.

La primera vez que mi hijo tomó una sobredosis de droga fue a los dieciséis años. Una madrugada recibimos una llamada del hospital. Pensábamos que nuestro hijo estaba durmiendo tranquilo en su cama. En cambio, había quedado inconsciente bajo los efectos del alcohol. Como sus compañeros no pudieron despertarlo, llamaron al 911. Cuando finalmente despertó, su reacción no fue de alivio por ver que estaba bien o de agradecimiento por quienes lo habían atendido; sino de enojo por estar en el hospital. Pensaba que, si lo hubieran dejado solo, en algún momento se habría despertado. En ese momento terrible nos dimos cuenta de que tenía un grave problema.

Unos años después, reemplazó el alcohol por la heroína. Después de una breve estadía en la cárcel, hablamos con nuestro hijo de la necesidad de internarse en un centro de rehabilitación.

Tenía una cita con el centro de rehabilitación al día siguiente y pasó la noche en un hotel cercano para poder encontrarnos en nuestra casa por la mañana. Mi esposo y yo estábamos en cierto sentido aliviados, pero estábamos nerviosos, de modo que tuvimos a nuestro hijo en constante oración durante la noche.

A la mañana siguiente, cuando lo llamamos, no hubo respuesta. Mi esposo fue hasta el hotel donde mi hijo se alojaba y vio su auto. El temor se apoderó de nuestro corazón y supimos que algo andaba mal. De manera reacia, el gerente del hotel le informó a mi esposo en qué habitación estaba, pero la puerta no se abría. De modo que mi esposo llamó a la policía, quienes derribaron la puerta. Me dolió el corazón escuchar que nuestro hijo, nuestro adorado primer hijo, yacía boca abajo sobre el piso del baño, inconsciente, con su cuerpo torcido. Fue trasladado al hospital después de administrarle una inyección de emergencia en su pecho para contrarrestar la heroína. Cuando los paramédicos dijeron que si lo hubiéramos encontrado veinte minutos más tarde nuestro hijo habría muerto, supimos que el impulso del Espíritu Santo, que nos llevó a ir a ver qué pasaba, le salvó la vida. Uno de los policías nos dijo que recientemente habían sucedido cinco muertes más debido a una cepa de heroína particularmente fuerte que estaban vendiendo en nuestra ciudad. Nada de eso era una sorpresa para Dios. Él había impulsado a mi esposo a actuar rápidamente y había respondido nuestras oraciones por la protección de nuestro hijo, que aún estaba vivo.

Enterarnos en el hospital de que nuestro hijo todavía podía morir fue desolador. Sus riñones y su hígado estaban funcionando mal, y no sentía una de sus piernas debido a la posición torcida en la que había permanecido durante las horas que había estado inconsciente. Oramos junto a su cama. Familiares iban a visitarlo e imponían las manos sobre él en oración. Mi querido grupo de Madres Unidas para Orar estuvieron orando solo por mi hijo durante la hora entera de reunión. Me sentía honrada y muy agradecida de que el Señor nos diera tanto apoyo.

Durante la hospitalización de mi hijo, mi esposo tenía una

importante cita de trabajo, de modo que llamó para explicar lo que había sucedido y que no podría acudir a la cita. Como solo Dios puede hacer, la persona con la que habló dijo que tenía un amigo de la iglesia que había perdido a su hijo el año anterior debido a una sobredosis de heroína. Él iba a hablar con su amigo y a contactar a los dos hombres. El Señor le envió a mi esposo un maravilloso amigo cristiano, que quiso acompañarlo en esta experiencia y conocer a nuestro hijo.

Su recuperación de la sobredosis fue lenta y tuvo que caminar con un bastón durante un tiempo. A pesar de haber tenido algunas otras experiencias cercanas a la muerte con una estadía en el hospital de una semana y varias entradas y salidas del centro de rehabilitación, aún sigue con vida. En este momento, hace un año que no consume drogas, y el Señor lo ha bendecido con una fuerte ética de trabajo y un buen empleo en una carrera laboral.

Cada hecho aterrador que experimentamos por la adicción de nuestro hijo transformó nuestro temor en una fuerte fe al orar y ver a Dios obrar. Y, al orar, nuestro Dios fiel nos dio la paz y la seguridad de estar con nosotros en toda esta experiencia dolorosa. A lo largo de los años el Señor ha impulsado a varias enfermeras a testificar del Señor a nuestro hijo; otro dulce recordatorio del amor de Dios por él y por nosotros. Aunque nuestro hijo todavía no se ha convertido, mientras tenga aliento de vida seguiremos golpeando las puertas del cielo con mi esposo y las hermanas de Madres Unidas para Orar para interceder por la salvación de mi hijo.

Wendy Palau: El temor es lo opuesto a la fe

Wendy Palau lleva una carga por los perdidos, producto de su propia experiencia. Le agradecemos por haber contado esta desgarradora historia de decepción y amor.

Tengo una historia tramada por Dios. Todas la tenemos. Tal vez, al igual que yo, tu historia sea de tristeza, dolor o una significativa pérdida... la clase de pérdida que te hace pensar si alguna vez volverás a ser la misma. Nací en Kingston, Jamaica, en una familia cristiana y piadosa. Mi padre, un hombre de negocios, participaba de cualquier esfuerzo de evangelismo que llegara a nuestra isla. En 1993 escuché que el evangelista Luis Palau vendría a llevar a cabo una cruzada y que uno de sus hijos se alojaría en nuestro hogar. Ese viernes por la noche, Andrew Palau entró en nuestra cocina. Al año, nos casamos. Me trasladé de la vida de una isla a la lluviosa, pero bella, Portland (Oregón). Los primeros años de matrimonio fueron buenos. Trabajábamos con el equipo de Palau y viajábamos a diferentes países donde Andrew dirigía los festivales de evangelismo. Disfrutábamos lo que hacíamos y sentíamos la mano de Dios sobre nuestra familia. Tres años después de casarnos, nació nuestro primer hijo, Chris. Quince meses después, llegó nuestro segundo hijo, Jonathan. Niños maravillosos, saludables y bellos.

Nos acabábamos de mudar a Fort Lauderdale, Florida, cuando quedé embarazada de nuestro tercer hijo. El primer trimestre fue horrible. Me sentía enferma y cansada. Por momentos tenía apetito y por momentos no. Era la misma experiencia que había tenido con los dos embarazos anteriores. Andrew y yo seguíamos las órdenes del médico al pie de la letra: exámenes regulares, vitaminas prenatales. Todo lo que decía, lo hacíamos.

Hasta que un día atroz el médico no pudo encontrar los latidos del corazón. El ultrasonido mostraba a nuestro hermoso y diminuto bebé, sin embargo, su corazón no latía. Estábamos desolados.

Un año después volví a quedar embarazada. Muchas mujeres tienen pérdidas, sin embargo, siguen adelante con un embarazo saludable. Todo debería estar bien, me dijeron. Respiramos con un poco más de alivio después de las doce semanas. Sin embargo, tres semanas más tarde, había perdido a nuestro pequeño bebé. Otra diminuta y preciosa criatura. Otra vida que habíamos soñado amar… perdida.

Doce meses después, volví a quedar embarazada. El temor era una compañía constante e insistente. Anhelaba este bebé, pero no podía imaginar pasar por la misma tristeza otra vez. Estaba determinada a cubrir todo el embarazo en oración y les pedí a otros que me apoyaran. Este bebé sobreviviría y haría *todo* lo que estuviera a mi alcance.

A las veinte semanas, el médico no pudo encontrar el latido del bebé. Todavía recuerdo cuando me fui del hospital con las manos vacías. Parecía muy injusto. Aquella noche me fui a la cama sin saber cómo me despertaría a la mañana siguiente. Quería dormir para siempre; las tinieblas solo se disipaban cuando dormía.

Me sentía culpable por plantearme la posibilidad de enojarme con Dios. Él podría haber salvado a mis bebés... a los tres. Creía que tenía poder para salvarlos. Sin embargo, cuando se lo pedí, Él dijo que no. Le llamé Señor, la misma palabra que Marta usó en Juan 11:3. Significa Amo, una persona que ejerce derechos de propiedad absoluta. Le llamé Señor *todas* las veces. ¡En cuántas ocasiones le pedí protección, provisión, fortaleza, salud, paz! Cada una de ellas había hablado con Él. ¿Fue realmente mi Señor en medio de esta agonía?

Aun así seguía abriendo mi Biblia. Encontraba consuelo en ella. Todo lo que leía me decía que Él era bueno, que Él dispone todas las cosas para nuestro bien, que sus planes son buenos, que su carácter es bueno. ¿Lo creía realmente? Seguía orando: "Señor, creo, ayuda mi incredulidad". Ponía mis ojos en Él y Él me consolaba. Poco a poco, Dios empezó a revelar su propósito de adopción. Estaba segura de que no podría hacerlo. No podría amar a un hijo no biológico de la manera que amábamos a nuestros varones. ¿De dónde vendría? La sola idea me aterraba. ¿Un niño concebido en otro útero que formara parte de nuestra familia? Me parecía una locura.

· ·

"Señor, creo, ayuda mi incredulidad".
Ponía mis ojos en Él y Él me consolaba.
—Wendy Palau

· ·

Una conversación que tuve con mi madre cambió mi perspectiva. Le estaba hablando de todos mis temores y ella me dijo: "Wendy, si tú y Andrew no adoptan por temor, se arrepentirán toda la vida. El temor es lo contrario a la fe". Sabía que tenía razón. A los dieciocho meses y con una fe mínima del tamaño de un grano de mostaza estábamos volando a Adís Abeba (Etiopía) para conocer a nuestro bebé.

Lo que no me di cuenta ni entendí en medio de mi tristeza era que había una niña abandonada al otro lado del mundo, que tenía su propia historia. La habían llevado a un orfanato a los diez días de vida. Le habían puesto por nombre Rediet, que significa "ayuda de Dios". Esta bebita abandonada era nuestra "ayuda de Dios". Ella nos necesitaba y nosotros la necesitábamos. Su ser diminuto era la hermosa bendición y bondad de Dios derramada en nuestra vida. Y lo hemos comprobado cada día. ¿Y el amor que temía no poder sentir? ¡Oh, cómo amamos a nuestra niña!

Dios es bueno y lo hemos comprobado. Temía que no fuera así, cuando mi corazón estaba herido y angustiado. Pero, mientras apenas me mantenía en pie, comprobé su bondad de una manera que jamás podría haber imaginado o pensado. Él está haciendo cosas hermosas para ti también, así como lo hizo por mí. Valió la pena. Valió la pena esa mínima fe. Valieron la pena esas noches de clamor a Dios para que nos ayudara. Él es el Dios que levanta del polvo al pobre, y del lugar más bajo al necesitado. Él lo hizo por mí. Lo hizo por mi hija. Y lo hará por ti.

Jennifer Kennedy Dean: Temor, fe y finanzas

Jennifer Kennedy Dean es la directora ejecutiva de *Praying Life Foundation*. Como escritora y conferencista, ha tocado la vida de generaciones a través de sus libros al animarnos a tener una vida de oración.

Había escrito dos libros. Mis hijos eran pequeños, y mi esposo Wayne trabajaba para una importante corporación. Teníamos una vida cómoda. Habíamos experimentado un largo período de desempleo, pero eso ya era cosa del pasado. Las oportunidades para dar conferencias y predicar estaban aumentando, y tenía que rechazar varias invitaciones porque no eran factibles debido a mis responsabilidades en el hogar. Una noche, mientras hablábamos de las invitaciones a predicar y si debía aceptarlas o no, Wayne planteó un tema que cambiaría casi toda nuestra vida. ¿Y si él renunciaba a su empleo a tiempo completo para convertirse en mi mánager y quedarse con nuestros hijos cuando yo viajara?

Me gustaba todo eso menos la parte de no tener una entrada de dinero regular. Había pasado por el período de desempleo y ahora estábamos teniendo una estabilidad económica. Me gustaba las cosas tal como estaban. Le pedí a Dios que le hiciera ver a Wayne la mala idea que era y que me permitiera mantener la vida que teníamos. Pero Wayne tuvo un llamado. No solo sentía el deseo, sino el llamado. De modo que, con bastante temor, acepté.

Debido a esa decisión, pude aceptar muchos más compromisos y oportunidades para predicar. Wayne y yo pasamos años trabajando codo a codo, ya fuera en nuestra oficina como en nuestro hogar comprometidos con la misma visión. Eso profundizó nuestra relación matrimonial y nuestro disfrute uno del otro. Además, los retos financieros que enfrentamos nos dieron la oportunidad de crecer en nuestra fe y nuestro compromiso a obedecer nuestro llamado mutuo. Nuestros tres hijos tuvieron la total atención y presencia de su padre. Wayne nunca faltó a una práctica deportiva, mucho menos a un partido. Estuvo presente en cada detalle de sus vidas.

En ese entonces no sabíamos que lo perderíamos tan rápido. Cuando mis hijos tenían alrededor de veinte años, Wayne falleció de un tumor cerebral. Debido a su decisión de renunciar a su empleo —contra lo cual oré tanto— mis hijos pudieron estar con su padre más tiempo del que pasan otros hijos cuyos padres viven hasta la vejez. Debido a esa decisión, los veintiséis años que pasamos juntos fueron valiosos y exquisitos. Debido a esa decisión, todo el ministerio tiene las huellas de Wayne en él.

He aprendido que arriesgarme es seguro cuando lo hago en respuesta al llamado de Dios. Porque Dios está totalmente comprometido a verme contenta y plena en Él, en lugar de buscar mi contentamiento en mis circunstancias, Él me llevará a situaciones donde esté forzada a depender de Él y a aprender por experiencia cuán fiel es Él. Cuando mi boca dijo: "Señor, te ruego que cambies el parecer de Wayne", Él escuchó mi corazón decir: "quiero lo que tú quieres". Resulta ser que muchas veces Dios no lee los labios, sino el corazón.

· ·

He aprendido que arriesgarme es seguro cuando lo hago en respuesta al llamado de Dios. Porque Dios está totalmente comprometido a verme contenta y plena en Él.

—Jennifer Kennedy Dean

· ·

9

Espera en el tiempo perfecto de Dios

Aguarda a Jehová; esfuérzate, y aliéntese tu corazón.
SALMO 27:14

sperar. ¿A quién le gusta esperar? Vivimos en una sociedad instantánea. Puedes poner una comida congelada en el microondas unos pocos minutos ¡y listo! Caliente y a punto para devorar. O aún más fácil, puedes conducir hasta la ventanilla de atención al cliente de un restaurante de comida rápida. ¿Quieres saber cuál es el trayecto más rápido hasta un lugar? ¡Solo pregúntale a tu GPS! ¿Quién haría un trayecto que demora siete minutos más si el GPS de su celular o automóvil puede indicarle un trayecto más corto?

Sin embargo, el tiempo de Dios raras veces es el nuestro. Él no está apurado; su tiempo siempre es perfecto. ¡Siempre! ¡Uf, pero qué difícil es esperar! ¿Recuerdas la historia de Abram y Sarai en Génesis 16? Dios le había prometido a Abram un hijo con una descendencia tan numerosa que no las podría contar. Sin embargo, Abram tenía unos ochenta años y no tenía hijos. Si fueras tú, empezarías a dudar, ¿verdad? ¡Eso hizo su esposa Sarai! Como toda mujer que quiere resolver las cosas por sí misma, se le ocurrió una idea que encontramos en Génesis 16:2: "Dijo entonces Sarai a Abram: Ya ves que Jehová me ha hecho estéril; te ruego, pues, que te llegues a mi sierva; quizá tendré hijos de ella".

¿Se opuso Abram a la idea? No. El versículo 2 también dice: "Y atendió Abram al ruego de Sarai".

Ahora fíjate en el versículo 4: "Y él se llegó a Agar, la cual concibió; y cuando vio que había concebido, miraba con desprecio a su señora". Sí, tratar de resolver las cosas por ti misma trae consecuencias negativas. No solo Sarai/Sara y su criada Agar ahora estaban en conflicto, sino que Agar quedó embarazada y dio a luz a Ismael, el padre de la fe musulmana.

En el capítulo 17, más de una década después, Dios le dice a un Abram de 99 años: "Y la bendeciré, y también te daré de ella hijo; sí, la bendeciré, y vendrá a ser madre de naciones; reyes de pueblos vendrán de ella" (v. 16). ¿Y qué hizo Abraham? "Entonces Abraham se postró sobre su rostro, y se rió, y dijo en su corazón: ¿A hombre de cien años ha de nacer hijo? ¿Y Sara, ya de noventa años, ha de concebir?" (v. 17).

¡La respuesta fue sí!

Esperar es difícil. "Mas, oh amados, no ignoréis esto: que para con el Señor un día es como mil años, y mil años como un día. El Señor no retarda su promesa, según algunos la tienen por tardanza, sino que es paciente para con nosotros, no queriendo que ninguno perezca, sino que todos procedan al arrepentimiento" (2 P. 3:8-9).

Espera en el plan de Dios

Con frecuencia, Dios tiene un plan diferente al que pensábamos. En mi Biblia (de Cyndie), he escrito notas alrededor del Salmo 27:14 con las fechas cuando lo declaré en oración: *Señor, ayúdame a esforzarme y alentarme y a esperar en ti.* Una de las fechas fue durante la etapa de admisión de mi hijo en la universidad. Esperamos, esperamos y esperamos, y la universidad a la que Elliott realmente quería ir al final dijo que no. ¡Qué desilusión! Estábamos seguros de que Dios quería que fuera a esa universidad, y que Él iba a sorprendernos y complacernos con las becas y los fondos para pagar los gastos de los estudios excesivamente costosos.

Poco después de enterarnos de la noticia de que Elliott no había entrado, mi sobrina mandó un mensaje que decía que la universidad que ella había asistido tenía un excelente nuevo departamento de arte que incluía cinematografía, que era la pasión de mi hijo. Cuando vi lo que costaba la colegiatura, no lo podía creer: era la mitad de lo que costaba en la universidad de sus sueños y era una universidad cristiana. Fui a la habitación de mi hijo para saber qué pensaba y me sorprendí al escucharle decir: "Está bien". Mientras abordábamos el avión después de dos breves días y una noche de estadía para conocer la universidad, le volví a preguntar lo que pensaba. Tenía ciertas reservas —la mayoría porque no era la universidad de sus sueños—, pero me dijo: "Dios ya me mostró que debo ir a esta". Durante el tiempo de espera, Dios había preparado el corazón de mi hijo para que fuera a la universidad que Él había destinado para Elliott.

Los tiempos prolongados de espera pueden inquietar nuestro corazón. Pero aférrate a quién es Dios: un Dios de amor y de propósito, fiel, confiable y soberano. Confía que Dios está al timón y que su tiempo siempre es perfecto. Como declara el Salmo 130:5: "Esperé yo a Jehová, esperó mi alma; en su palabra he esperado".

· ·

Los tiempos prolongados de espera pueden
inquietar nuestro corazón. Pero aférrate
a quién es Dios: un Dios de amor y de
propósito, fiel, confiable y soberano.

· ·

A continuación, hay dos historias más de espera en el Señor y su tiempo.

Jill Savage: Espera en la provisión de Dios

¿No es maravilloso cuando nuestros hijos captan la visión de orar y esperar la respuesta de Dios? Nos encanta el testimonio de Jill Savage, la fundadora y directora de *Hearts at Home*, donde cuenta cómo Dios usó un tiempo de espera en la vida de su hija.

"Anne, necesito hablar contigo —comencé la temida conversación con nuestra hija de casi dieciséis años un sábado por la mañana—. Tú sabes que papá y yo estábamos ahorrando dinero para comprar un tercer auto para la familia, así cuando cumplieras dieciséis años tendrías uno para usar. Lo que no contábamos era con que nuestro pozo de agua se secara (¡qué maravilla es la vida campestre!). Tuvimos que pagar la excavación del nuevo pozo con el dinero que habíamos ahorrado, así que ya no podemos comprar el auto".

El rostro de Anne reflejaba su desilusión. Yo también estaba desilusionada. Con cuatro hijos en ese momento, necesitaba ayuda con la tarea de hacer de taxista de cada uno.

—Es una lástima, mamá, pero lo entiendo. Creo que voy a tener que orar por un auto.

Aprobé su decisión, pero no tenía idea de cuán seria era. Varias semanas después de nuestra conversación, Anne entró en la cocina mientras estaba preparando la cena y dijo:

—Mamá, ¿viste que te dije que oraría por un auto? Solo quiero que sepas que estoy orando específicamente como me has enseñado. Estoy orando para que sea de transmisión automática, porque no sé conducir con transmisión manual. También estoy orando para que sea un vehículo de cuatro puertas, para poder llevar a mis hermanos a diferentes lugares y porque es difícil sentarse en el asiento trasero de un auto de dos puertas. Además, decidí pedirle a Dios que, si es posible, sea azul, porque es mi color favorito.

La miré anonadada y le dije:

—¡Eso sí que es difícil! Creo que si llegara a aparecer un auto, lo recibas como sea, aunque eso implique aprender a conducir con transmisión manual, que tus hermanos se sienten con dificultad en el asiento trasero o que te guste otro color.

—Lo sé mamá —respondió ella—, pero Dios dice que oremos específicamente y así lo hice. Creo que, si es su voluntad, puede darme el auto que le estoy pidiendo.

Estaba impresionada por la madurez espiritual de mi hija,

pero mi corazón estaba dividido en dos direcciones. Por un lado, estaba orgullosa por la fe de Anne, porque estaba creyendo en la Palabra de Dios y su fe era fuerte. Por el otro lado, quería proteger desesperadamente a mi hija de una desilusión. Esa *era* una petición muy difícil y, aunque creía que Dios *podía* responder su oración, no sabía si realmente *lo haría* y no quería que ella sufriera.

Varios días después de esa conversación, me desperté y decidí revisar el correo electrónico antes que todos se despertaran y empezara el caos de la mañana. Noté que había recibido un correo de un hombre de nuestra iglesia que nunca nos escribía. Su nombre era Mike. Cuando abrí el correo y empecé a leer, se me llenaron los ojos de lágrimas:

> Hola, Mark y Jill:
>
> Estoy en el proceso de comprar otro auto. El auto viejo todavía funciona bien, pero no vale mucho. Estuve orando para saber qué hacer con ese viejo, y hoy, mientras caminaba por un pasillo de mi trabajo, pensé en ustedes. Creo que tienen una hija que está por empezar a conducir, y me pregunto si les gustaría este auto para ella. Estos son los detalles básicos: es un Honda Accord de 1983, transmisión automática, cuatro puertas. No sé si será un detalle importante, pero es azul. Avísenme si les interesa. Si lo quieren, es de ustedes.

No podía creer lo que estaba leyendo. Me sentí honrada por la fe de mi hija y la provisión milagrosa de Dios. "Sí, Mike —susurré en voz alta—, es un detalle importante que sea azul. ¡Muy importante!".

Cyndie: Espera la salvación de un ser querido

Para aquellas que está orando hace mucho y están tratando de permanecer firmes mientras interceden por la salvación de un hijo, un cónyuge o un ser querido, permítanme (Cyndie) animarlas con mi propia historia sobre mi hermano y el resultado de perseverar en oración.

Soy la cuarta de seis hijos de un marine vitalicio. ¡Todo un soldado de la infantería de marina! Pues bien, mi padre, que era muy allegado a sus hermanos y camaradas de infantería, tuvo la bendición de ser papá de una niña. Después, otra niña. Y otra. Y otra. Y otra. Cinco en total. Todos daban por hecho que el último bebé, que se movía en el vientre de mi madre, también sería una niña. Pero, para sorpresa de todos, el sexto bebé fue varón. ¡Sí, mi papá de la infantería de marina finalmente tuvo un *varón*! Yo tenía cuatro años cuando mi adorable hermanito nació, y recuerdo vívidamente ir con mis entusiasmados vecinos a comprar algo azul antes de ir al hospital de la base para conocer a Cliff John Claypool.

Como podrás imaginar, había grandes esperanzas puestas en este único varón. Pero, cuando empezó a ir a la escuela, las esperanzas fueron puestas a prueba, una a una. Mis padres recibieron la noticia de que su pequeño hijo tenía el coeficiente intelectual de un superdotado, pero que también tenía graves problemas de aprendizaje y que nunca podría leer. Mi papá no tomó esa respuesta como definitiva. Trató y trató de enseñarle a Cliff a leer. Imagina el cuadro de un sargento primero de la infantería de marina, que hacía saltar a los soldados bajo sus órdenes, sentado a la mesa del comedor con un niño desafiante, que generalmente hacía lo opuesto a todo lo que le pedía. Intentaron trabajar en el descifrado bidimensional de las palabras escritas; justamente lo más difícil para mi hermano. No hace falta decir que no tuvo mucho progreso académico.

Lo que mi hermano aprendió en la escuela fue a ser un buen peleador. Cuando iba a la escuela secundaria, se empezó a juntar con otros buenos peleadores: nuestra pandilla local. Antes de ser adulto, había abandonado la escuela secundaria, se había casado con la madre de su hija y se había hecho conocido entre los chicos de la pandilla y, bueno, entre la policía. Decir que oré mucho por mi hermano sería un eufemismo.

Cuando lo sentenciaron a prisión, rogué a Dios que lo liberaran. Pero Dios tenía un plan mejor.

Mi mamá y yo a menudo íbamos a visitarlo a la prisión y llevábamos a sus dos hijas para que vieran a su papá. Pero después trasladaron a mi hermano —a quien las pandillas, incluso en la prisión, lo seguían viendo como un boxeador— a una penitenciaría a varias horas de distancia. Estaba desolada.

Le pedí a Dios que lo dejaran en una prisión local para que lo pudiéramos ir a visitar y sus hijitas lo pudieran conocer. Pero Dios tenía un plan diferente.

El clamor de mi corazón era que mi hermano se convirtiera y se entregara a Cristo, que su vida fuera transformada y que pudiera tener una relación íntima con su Salvador. Pese a que el pastor me había dicho que, según las estadísticas, las probabilidades de que Cliff tuviera una conversión genuina en la prisión eran bajas, no dejé de orar insistentemente y de derramar mi dolorido corazón a Dios.

Cada vez que lográbamos averiguar cómo ir a visitarlo a su nueva prisión, lo trasladaban a otro lugar. Era angustiante. Me imaginaba a mi hermano solo y desolado y eso me rompía el corazón. Sin embargo, Dios sabía que él necesitaba estar solo, y no solo sin la familia. Lo habían mandado a la "celda de castigo" (confinamiento solitario) por instigar una pelea que no paró hasta que el guardia de seguridad le disparó al hombro. Dolorido y solo, con la única compañía de una Biblia, Cliff finalmente le rindió su orgullo a Dios.

Cuando oró, le pidió a Dios que abriera sus ojos para que pudiera leer su Palabra. ¡Y Dios lo hizo!

Mi hermano dijo que fue como si se le hubieran caído escamas de los ojos, y la Palabra de Dios saltó de la página por primera vez ante sus ojos. Más tarde, volvió a hacer el intento de aprobar el examen de equivalencia de la escuela secundaria. Anteriormente, cada vez que se examinaba, lo fallaba completamente porque no podía entender las preguntas que leía. Sin embargo, esta vez lo aprobó con un 99% de comprensión. ¡Ese fue un absoluto milagro!

Todavía recuerdo la llamada a cobro revertido que hizo Cliff desde la prisión. Por lo general, cuando él llamaba, estaba triste por su divorcio o por perder a sus hijas. Pero esta llamada era diferente. ¡Estaba hablando con un hombre de Dios transformado! Nuestro Padre celestial había escuchado y había respondido miles de oraciones que mi familia había hecho por mi hermano. Y, como siempre, el tiempo de Dios fue perfecto. Nosotros queríamos respuestas inmediatas, pero Dios tenía la estrategia final en mente.

Ahora mi hermano está casado con una maravillosa enfermera de la marina y tiene otra adorable hija llena de vida. Después de aprobar apenas algunas clases cuando iba a la escuela, siguió estudiando hasta graduarse en la universidad ¡y hasta en el *seminario*! Sí, mi querido hermano es ahora pastor de una pequeña iglesia y ministra en la misma zona donde una vez lo conocían por ser miembro fiel de una pandilla.

El nombre de Dios está siendo glorificado a través de la vida transformada de Cliff. Ver a mi hermano llevar a familias enteras a Cristo y bautizarlas en la misma iglesia donde una vez asistíamos e hicimos incontables oraciones por él me emociona hasta las lágrimas. Dios verdaderamente transforma las vidas y responde las oraciones… en su tiempo perfecto.

····································

Nosotros queríamos respuestas inmediatas,
pero Dios tenía la estrategia final en mente.

····································

Si fuera por mis padres, Dios tendría que haber respondido sus oraciones cuando mi hermano iba a primer grado. Pero Dios tenía un propósito más grande, un propósito que implicaba alcanzar a toda una comunidad para Cristo. Eso bien valió la pena.

¿Estás esperando?

Mientras lees este hermoso salmo, piensa en alguna experiencia de espera en Dios. O tal vez ahora mismo estés pasando por esa experiencia.

> Pacientemente esperé a Jehová, y se inclinó a mí, y oyó mi clamor. Y me hizo sacar del pozo de la desesperación, del lodo cenagoso; puso mis pies sobre peña, y enderezó mis pasos. Puso luego en mi boca cántico nuevo, alabanza a nuestro Dios. Verán esto muchos, y temerán, y confiarán en Jehová. Bienaventurado el hombre que puso en Jehová su confianza, y no mira a los soberbios, ni a los que se desvían tras la mentira. Has aumentado, oh Jehová Dios mío, tus maravillas; y tus pensamientos para con nosotros, no es posible contarlos ante ti. Si yo anunciare y hablare de ellos, no pueden ser enumerados (Sal. 40:1-5).

Nuestra oración por ti es que aprendas a permanecer firme, no importa qué pase a lo largo del camino ni cuánto debas esperar. Sigue orando. Mantén tus ojos en la verdad de Cristo. Sigue confesando tus pecados para mantener un corazón limpio delante de Dios. Sigue recordando las oraciones que Dios ha contestado. Sigue dando gracias. Sigue orando con las Escrituras. Aunque orar pueda ser una agonía, mira a Aquel que tiene un plan bien diseñado para tu vida y para la vida de tus seres queridos. Si Dios te hace esperar, es porque tiene un propósito mejor y más grande, mucho más grande de lo que puedes imaginar. "Por tanto, Jehová esperará para tener piedad de vosotros, y por tanto, será exaltado teniendo de vosotros misericordia; porque Jehová es Dios justo; bienaventurados todos los que confían en él" (Is. 30:18).

Si *Dios* te hace *esperar*,
es porque tiene un *propósito
mejor* y *más grande*, mucho
más grande de lo que
puedes imaginar.

Parte 4

Historias que nos inspiran a permanecer firmes

10

Activa el poder de Dios, que es capaz de hacer más de lo que puedes imaginar

Y a Aquel que es poderoso para hacer todas las cosas
mucho más abundantemente de lo que pedimos o
entendemos, según el poder que actúa en nosotros,
a él sea gloria en la iglesia en Cristo Jesús por todas
las edades, por los siglos de los siglos. Amén.

EFESIOS 3:20-21

*E*fesios 3:20-21 es un pasaje asombroso! Dios no solo responde nuestras oraciones; sino que puede responderlas de manera tan exorbitante —mucho más abundantemente de lo que pedimos o entendemos— ¡que ni siquiera las podemos medir! Y este pasaje de las Escrituras nos recuerda la fortaleza y el poder de Dios que actúa en nosotras. ¿Por qué? Para que Él reciba la gloria en la iglesia en Cristo Jesús por todas las edades, por los siglos de los siglos. ¡Impresionante!

¿Qué hay en tu corazón? ¿Cuál es ese profundo dolor que, cada vez que te viene a la mente, se te hace un nudo en el estómago o se te estruja el corazón? A veces estamos tan preocupadas por los problemas, que nos olvidamos de orar por ellos. Nos ponemos nerviosas, nos quejamos y nos lamentamos de nuestra difícil situación; pero nos olvidamos de orar a Aquel que tiene el control de todo el universo. ¿Has derramado tu corazón delante de nuestro Padre poderoso? El

Salmo 5:3 dice: "Oh Jehová, de mañana oirás mi voz; de mañana me presentaré delante de ti, y esperaré". ¿Esperas ansiosamente la respuesta de Dios?

Experimenta el plan de Dios

Cuando (Cyndie) estaba embarazada de mi primer hijo, no tenía idea de cómo íbamos a hacer con el cuidado de nuestro hijo. No podíamos vivir sin mis ingresos, pero tampoco podíamos pagar a alguien que cuidara a nuestro hijo todo el día. Y sospechábamos (correctamente) que una vez que el bebé naciera, íbamos a querer verlo más que solo en las noches y los fines de semana. De modo que oramos. Y oramos. Y oramos un poco más. Sin embargo, cada posibilidad que investigábamos era una puerta cerrada. Nada me convencía. Y vacilaba entre la fe en un Dios grande y, bueno, los nervios del embarazo.

· ·

A veces estamos tan preocupadas por los problemas, que nos olvidamos de orar por ellos.

· ·

Luego, unos meses antes que mi hijo naciera, el periódico donde yo trabajaba como editora compró otro periódico a solo 5 km de mi casa. Después de mucha oración, lo que era una situación agobiante se convirtió en una respuesta a la oración mucho más abundante de lo que podría haber pedido o imaginado. Por la gracia de Dios, me ofrecieron uno de los dos codiciados puestos de escritora de artículos de opinión en el periódico recientemente fusionado. Además de ser lo que mi corazón deseaba, era un puesto flexible que me permitiría trabajar algunas horas desde casa, algo que nunca podría haber hecho como editora y diseñadora gráfica. Además, la oficina se mudó a solo siete minutos de casa, ¡y podía llegar a ese lugar sin tener que conducir por la autopista sin peaje! Y, por si fuera poco, una pareja de la iglesia, amigos desde hacía muchos años, se ofrecieron a cuidar a mi hijo. Nuestros niños crecieron juntos como pequeños amigos.

La bendición adicional fue que mi esposo iba a trabajar temprano y, por lo general, volvía a casa alrededor de las 3:00 de la tarde. Yo trabajaba desde casa por la mañana mientras mi hijo dormía una siesta, lo dejaba en la casa de mis amigos alrededor de la 1:00 de la tarde. y después trabajaba el turno de la tarde en la oficina. Mi pequeño hijo solo estaba en la casa de su compañerito dos o tres horas al día, y para él era como una cita de juegos y diversión con su mejor amigo. Aún hoy, veinte años después, no puedo creer cómo Dios dispuso todas las piezas de tal manera que encajaran fácilmente sin complicaciones. ¡Realmente fue mucho más de lo que pude haber pedido o imaginado!

La experiencia de la mies madura

Recuerdo (Sally) ver a mi hija Aubrie recibir respuesta de Dios a la oración por sus compañeros de clase de una manera mucho más abundante de lo que pudimos haber pedido o imaginado. Durante su último año en la escuela secundaria, mi grupo de Madres Unidas para Orar intercedió por los estudiantes del último año para que alcanzaran a otros estudiantes para Cristo y dejaran un legado que glorificara el nombre de Dios y bendijera su escuela. Jamás imaginamos de qué manera respondería Dios esas oraciones. Algunas de las madres teníamos hijas que estaban cursando el último año, que decidieron comenzar un estudio bíblico mixto. El anhelo de ellas era que sus amigas crecieran en su relación con el Señor y estuvieran apasionadas por Jesucristo. El grupo de estudio bíblico creció y varios de sus miembros decidieron orar los viernes por la mañana para que sus compañeros conocieran a Jesús.

Recuerdo cuando mi hija y su amiga me contaron lo que había ocurrido con su escuela cristiana durante una semana en la montaña. Estaban maravilladas. Noventa y uno de sus compañeros habían escuchado la predicación del evangelio y su respuesta fue postrarse humillados y confesar sus pecados. Algunos estudiantes recibieron a Jesús por primera vez y otros volvieron a dedicar sus vidas al Señor.

Mientras Aubrie los miraba asombrada, la directora de la escuela se acercó a ella y reconoció que ese gran avivamiento había ocurrido por la oración.

Muchos de estos nuevos creyentes empezaron a asistir a un estudio bíblico liderado por los estudiantes. Le pregunté a mi hija qué estaban enseñando y me dijo que estaban estudiando el libro de Romanos frase por frase. Al poco tiempo varios estudiantes más recibieron a Jesús en la escuela. ¡Experimentaron un avivamiento como el de Hechos! Dios respondió nuestras oraciones mucho más abundantemente de lo que hubiéramos podido pedir o imaginar.

Las oraciones osadas y audaces de Fern Nichols por el ministerio

Una de nuestras historias favoritas sobre las respuestas de Dios mucho más abundantes de lo que podemos pedir o imaginar es cómo Madres Unidas para Orar Internacional se propagó por todos los Estados Unidos en 1988. Así lo explica la fundadora Fern Nichols:

Dios siguió ampliando mi visión. Al principio fue orar por mis hijos y la escuela a la que asistían cuando vivíamos en Canadá, y luego la visión se amplió y se extendió a todas las escuelas del área. Después, en 1985, Dios movió a nuestra familia de British Columbia (Canadá), a Poway, cerca de San Diego (California). No conocía a nadie. De modo que hice una simple oración: "Señor, necesito otra madre que ore conmigo". Para el final del año lectivo, quince madres venían a mi casa a orar por la escuela secundaria.

En 1988 tuvimos nuestro primer retiro de Madres en Contacto (ahora llamado Madres Unidas para Orar). Treinta y cinco mujeres estábamos reunidas alrededor de una chimenea y agradecíamos a Dios por todas las respuestas a la oración que habíamos visto desde que orábamos en el grupo de Madres en Contacto. El Espíritu Santo se estaba moviendo dulcemente entre nosotras. Una oración brotó de los corazones en unidad y elevamos nuestro clamor: "Señor, nuestra vida ha sido transformada, la vida de nuestros hijos ha sido transformada y ahora te pedimos que todas las escuelas del área de San Diego sean transformadas".

Al poco tiempo nuestra oración se extendió y empezamos a pedir que cada escuela de California tuviera un grupo de Madres en Contacto. Después nuestra fe creció para pedir por todo el Noroeste. El Espíritu Santo extendió nuestras oraciones a todo Estados Unidos y luego a todo el mundo. Hubo un silencio, entonces una madre oró: "Señor, ¿quién puede hacer que mujeres de otras partes del mundo conozcan a Madres en Contacto?". Hubo una pausa. "Dobson puede hacerlo. Señor, te pedimos que podamos estar en su programa". Creo que al principio esa oración nos dejó perplejas, pero luego hubo un gozoso acuerdo.

Tres meses después, sin que nadie se comunicara con Enfoque a la Familia, LuAnne Crane de Enfoque me llamó y me preguntó por el ministerio. Ella entendió nuestra visión, pero dijo que no podía prometer nada, porque muchas peticiones llegaban a manos del Dr. Dobson. ¡Cómo oramos! Intercedimos con tal osadía que no solo pedimos estar en el programa, sino que Dios nos diera dos días por si una madre no nos escuchaba el primer día. Dios contestó nuestra oración mucho más abundantemente de lo que habíamos pedido. ¡Nos dio tres días! Doce madres se unieron al Dr. Dobson y a mí en el estudio. Dios sabía que las madres necesitaban escuchar este mensaje de esperanza. El resultado de ese programa fue más de veinticuatro mil respuestas. No hace falta decir que el ministerio de Madres Unidas para Orar jamás volvió a ser el mismo desde aquel día. ¡Ahora estamos en cada estado de la nación y en más de ciento cuarenta países!

Esperamos que después de haber leído esta historia, tú también te animes a hacer oraciones osadas y audaces, y permitas que Dios las responda mucho más abundantemente de lo que jamás podrías imaginar. Disfruta estas otras historias.

Anímate a hacer *oraciones osadas y audaces*, y *permite que Dios las responda* mucho más *abundantemente* de lo que

jamás podrías haber imaginado.

Aquí hay dos historias más que ilustran las increíbles respuestas de Dios a la oración.

Jill Savage: ¿Tienes pan? ¿Tienes leche?

Jill Savage, la fundadora de *Hearts at Home*, contó esta historia de la respuesta sobreabundante de Dios a la oración.

Después de trabajar por un tiempo en un ministerio sin fines de lucro, el jefe de mi esposo habló con él sobre un dilema: "Mark, hemos perdido temporalmente los fondos privados que teníamos para tu salario. Las inversiones de los patrocinadores se han paralizado y necesitan algunos meses para recuperarse. Creemos que podremos volver a pagarte una remuneración en tres meses con pago retroactivo, pero hasta entonces no podremos hacerlo. Si necesitas buscar otro empleo, te entendemos. Pero si puedes quedarte con nosotros, nos encantaría seguir contando contigo".

Esa era una petición complicada para un hombre con una familia grande para alimentar. Mark llegó a casa y hablamos de la situación. Acordamos en orar por eso individualmente durante algunos días antes de tomar una decisión. Unos días después descubrimos que ambos estábamos escuchando las mismas palabras: *Confía en mí*. Sentimos que no debíamos hacer ningún cambio, y que Mark debía seguir trabajando, aunque no recibiera su remuneración. Daba miedo de tan solo pensarlo, sin embargo, ambos teníamos una paz poco común al respecto (¡y no, no teníamos ahorrados tres meses de salario como se aconseja tener!).

Inmediatamente, me dediqué a hacer lo que podía. Llamé a las compañías de servicio y a los acreedores e hice los arreglos posibles para demorar o disminuir nuestros pagos por un tiempo limitado. Miraba la pequeña suma de dinero que teníamos ahorrada y la dividí para pagar las cuentas necesarias. Después hice un inventario de los alimentos de nuestra despensa y de los dos congeladores, y anoté todo lo que teníamos en la casa para comer,

incluso las dos latas de remolacha que estaban al fondo de la ala-
cena, que ni sabía que teníamos. Me senté y proyecté un posible
plan de comidas para doce semanas.

Cuando Mark llegó del trabajo aquella tarde, le comenté lo
que había estado planificando. "Hice arreglos de pagos para las
cuentas mensuales, y pensé en un plan para comer sin tener que
ir al supermercado. Lo único que no tenemos son alimentos frescos como el pan y la leche, pero podemos orar específicamente
por esas cosas".

Sinceramente, pensaba que tal vez Dios me daría algunas
oportunidades de tocar o cantar en bodas y ganar 50 dólares
o algo más. Paralelamente, Mark también instalaba alfombras,
y pensé que tal vez Dios le enviaría algún pequeño trabajo de
ese tipo cada mes, que nos permitiera tener lo suficiente para ir
al supermercado a comprar pan, leche y tal vez fruta y vegeta-
les frescos.

Hablamos con nuestros hijos y les dijimos que viviríamos por
fe durante un tiempo. No habría ropa nueva, no habría bolsitas
de refrigerios para picar durante el día ni dinero adicional para
comprar helado. Les aseguramos de que estaríamos bien, pero
que todos debíamos hacer sacrificios y estar agradecidos por lo
que teníamos. En cada comida, nos sentábamos alrededor de la
mesa y nos tomábamos de la mano para orar, agradecer a Dios
por su provisión y hacer nuestra simple petición de pan y leche.

Un par de semanas después que comenzamos nuestra aventura de fe, recibí una llamada de mi vecino Orville. Nosotros
vivíamos en una zona rural, de modo que no teníamos a nuestros
vecinos "del otro lado de la cerca". Más bien, vivíamos "camino
adentro" y no interactuábamos a menudo con nuestros vecinos.
Orville cultivaba toda la tierra de los alrededores de nuestra casa,
así que se detenía a conversar con nosotros durante la temporada
de la siembra y la cosecha; pero, aparte de eso, no nos veíamos
con mucha frecuencia.

Cuando atendí la llamada, Orville dijo:

—Jill, ¿necesitan pan?

Me tomó desprevenida la falta de una pequeña introducción previa a una conversación telefónica y la naturaleza de su pregunta.

—Bueno, Orville, la verdad es que sí, necesitamos pan —le respondí casi con un tono de pregunta en mi voz.

—Está bien, estaré allí en cinco minutos —continuó— y les llevaré algo de pan.

Colgué el teléfono pensando que era la conversación telefónica más extraña de mi vida. *Confía en mí*, volví a escuchar.

A los pocos minutos, la camioneta de Orville se estacionó frente a nuestro garaje. ¡Cuando salí a recibirlo, noté que el depósito de su camioneta estaba lleno de pan! Cuando Orville bajó de la camioneta, le dije en broma:

—Orville, ¿qué hiciste? ¿Robaste una panadería?

—No —respondió— tengo un acuerdo con un par de supermercados de recoger sus productos de pan expirados. Los saco del envoltorio y se los doy a comer a mis vacas. Sinceramente, siempre recibo más de lo que puedo usar. Gran parte del pan todavía está bueno, así que Betty yo siempre sacamos algo para nosotros antes de llevarlo al granero. Hoy, cuando volvía a casa, de repente pensé: *La familia Savage tiene muchos niños. Tal vez, les venga bien algo de pan*. Por eso te llamé.

Estaba perpleja y emocionada hasta las lágrimas. Cuando finalmente me pude reponer para hablar, le dije:

—Orville, ¿sabes lo que estamos pasando en nuestra familia?

Intrigado, respondió que no sabía de qué estaba hablando. Brevemente, le puse al tanto de la situación de Mark en su trabajo y le conté:

—De modo que cada noche cuando nos sentamos a comer en familia, agradecemos a Dios por su provisión y oramos por pan y leche.

Los ojos de Orville se iluminaron.

—¿Necesitan leche? —preguntó.

Antes que pudiera responder, abrió la cabina de su camioneta y me mostró casi cincuenta litros de leche.

—Expiraron ayer, pero si las congelas, estarán bien —dijo.

No me pude contener más. Estaba allí mirando el pan y la leche que había recibido de la manera más inverosímil y le agradecí a Dios en mi corazón por ser fiel.

Orville se ofreció a llevar la leche a mi cocina mientras yo me llevaba todo el pan que quería del depósito de su camioneta. Cuando empecé a mirar, me sorprendí de la variedad de productos que había: panecitos, donuts, pan de centeno, pan blanco, pan con pasas de uva y pan multicolor (ni siquiera sabía que existía el pan multicolor). La mayoría eran productos de marca, que consideraba costosos, panes que jamás había probado. Llené barias bolsas de supermercado con el pan que sabía que comeríamos. Orville me ayudó a llevarlo a la casa. Después de colocar todos los cartones de leche en el congelador, me despedí de Orville con un fuerte abrazo. Le agradecí por su regalo y le dije:

—Orville, tú no sabías que la familia Savage podría necesitar estos alimentos, tú solo escuchaste y respondiste al silbo apacible y delicado de Dios. Gracias por escuchar.

Yo estaba sola ese día, cuando Orville vino a casa. Puedes imaginar la sorpresa de Mark y los niños cuando llegaron y vieron lo que Dios había hecho. Esa noche, cuando nos reunimos alrededor de la mesa, nos tomamos de la mano, dimos gracias a Dios por su increíble provisión ¡y no hicimos ninguna otra petición!

Retta Berry: Un diagnóstico nuevo e inesperado que cambia las vidas

La historia siguiente, de Retta Berry, supera lo que todo cerebro humano podría imaginar. Y por medio del milagro que Dios hizo en la familia de Retta, otros están siendo sanados física y espiritualmente y muchos están viniendo a Cristo. Dios le ha dado una plataforma pública para contar su testimonio a los medios de comunicación, al Congreso e incluso al Presidente de los Estados Unidos.

Mi esposo Joe y yo tenemos tres hijos maravillosos. Nuestro hijo mayor, Zach, tiene veintidós años y es un hijo excelente, el hermano mayor y nuestro primer milagro. Dios nos bendijo también con Noah y Alexis, mellizos que tienen diecinueve años. Tenemos tres milagros que hoy están vivos, y agradecemos a Dios por cada uno de ellos, porque sabemos que sus planes son mucho mejores que los nuestros. "Y a Aquel que es poderoso para hacer todas las cosas mucho más abundantemente de lo que pedimos o entendemos, según el poder que actúa en nosotros, a él sea gloria en la iglesia en Cristo Jesús por todas las edades, por los siglos de los siglos. Amén" (Ef. 3:20-21).

Noah y Alexis nacieron con muchos problemas de salud. Padecieron de cólicos durante quince meses, lloraban sin parar durante el día y la noche, tenían convulsiones, sufrían de reflujo urinario en sus riñones, vomitaban diariamente y nunca llegaban al nivel de desarrollo de cada edad. Cuando cumplieron nueve meses, empezamos abruptamente una nueva vida, una llena de especialistas médicos y terapeutas, visita a los hospitales, exámenes de laboratorio y salas de emergencia. Nuestra vida cambió en un abrir y cerrar de ojos. Oramos que Dios nos diera respuestas y sanidad. Orábamos por un milagro.

Cuando Noah y Alexis estaban para cumplir los dos años de edad, ambos fueron diagnosticados con parálisis cerebral, en función de la evidencia hallada en imágenes por resonancia magnética. Habíamos estado orando por respuestas, de modo que le dimos gracias a Dios porque finalmente teníamos una. Seguimos adelante con el diagnóstico y continuamos con las terapias de intervención temprana del habla, física y ocupacional, así como sus constantes tratamientos médicos. Continué mis investigaciones diarias, que el Señor me había guiado a hacer desde que tenían nueve meses, con la esperanza de encontrar ayuda para su gran cantidad de dificultades. Seguimos orando por un milagro con la certeza de que nada era imposible para Dios.

Estaba asistiendo al *Bible Study Fellowship* (*BSF*, por sus siglas en inglés) en 2002, cuando recibí una llamada de mi líder del grupo de estudio bíblico, quien me dijo que el Señor estaba poniendo en su corazón que yo debía ocupar una posición de liderazgo en BSF. Me sorprendí. *BSF* es muy estructurado y tiene reglas de asistencia estrictas. Luchaba por poder asistir cada semana al grupo de estudio bíblico debido a los problemas de salud de Noah y Alexis. Ella me explicó que al principio se preocupó por eso, pero que Dios siguió poniéndome en su corazón cada vez que oraba. Me pidió que orara durante tres días y que buscara la voluntad de Dios para esa posición. Acepté y oré tres días, sin saber cómo haría para cumplir con esa responsabilidad además de las necesidades de Noah y Alexis. Decidí no confiar en mi propio entendimiento, sino en que Dios me mostraría su voluntad. Y Él contestó mis oraciones.

Al tercer día de oración, el Señor me dijo que no aceptara ser líder de un grupo de *BSF* y me mostró que debía volver a la tarea de investigar la enfermedad de mis hijos. Había estado haciendo investigaciones durante cuatro años, aunque recientemente había dejado de lado todo el material investigativo, porque Alexis necesitaba atención constante. En ese momento, habíamos empezado a buscar sillas de ruedas y alimentación por sondas para nuestra hija, y pensamos que nunca podría vivir de manera independiente. El mismo día que Dios me habló, me guio directamente a un archivo de cientos de artículos que había guardado en el cajón de mi escritorio. El Espíritu Santo me llevó a leer artículo tras artículo hasta que me mostró uno titulado "Diagnóstico *Deft* (técnica de epifluorescencia directa en filtro): La distonía de Segawa imita la parálisis cerebral, pero responde a la medicación". Como leí en el artículo, estaba segura de que Alexis correspondía a ese diagnóstico. Dios nos estaba guiando en medio de ese proceso a través de la oración.

Por medio de una serie de sucesos milagrosos, el 10 de abril de 2010 estábamos en la universidad de Michigan, en la oficina del Dr. John Fink para empezar a administrarle L-DOPA. Alexis pasó de una vida en silla de ruedas y alimentación por sonda a caminar, hablar, bailar, hacer gimnasia, jugar al fútbol y cualquier deporte que jamás pensamos que fuera posible para ella. El síntoma inicial de distonía en Noah empezó unos meses después.

También empezamos a administrarle L-DOPA, bajo la guía de Dios y contra el consejo médico, y su respuesta retó a la comprensión médica. ¡Dios estaba moviendo montañas!

En 2003, el Señor me guio a comenzar un sitio de Internet, y Él lo usó para ayudar a personas de todo el mundo que habían recibido un diagnóstico equivocado. Cada vez que teníamos la oportunidad de dar una nota a un medio de comunicación para contar la historia de Dios en nuestra vida, le pedía a un grupo de varias personas que nos acompañara en oración. Orábamos para que cada persona que Dios quisiera alcanzar, sintonizara el canal o leyera nuestro artículo en la revista. A lo largo de los años, he recibido llamadas de personas de todo el mundo, cuyas vidas fueron transformadas después de conocer la historia de Noah y Alexis de manera sorpresiva. Una persona contó que solo podía sintonizar un canal en su televisor y que justamente era el que estaba transmitiendo nuestra historia. Personas que tomaron una revista que jamás habían leído y la abrieron justo en el relato de la obra de Dios en nuestra vida. Dios tocó la vida de cuadripléjicos que, después de escuchar sobre la transformación que Noah y Alexis experimentaron, pronto estaban jugando al tenis y participando de competencias de atletismo. Nuestro Dios está vivo y activo, ¡y escucha nuestras oraciones!

En 2008, el Señor nos trajo a San Diego para fusionar mi pasión de ayudar a otros con el empleo de Joe, que fue a trabajar para una compañía que fabricaba dispositivos, que podrían diagnosticar a niños como Noah y Alexis al nacer. Jamás pensamos que Dios nos traería hasta aquí con un propósito mucho más grande del que jamás hubiéramos imaginado. Un año después de mudarnos a San Diego, Alexis empezó a respirar con dificultad. Casi la perdimos en varias ocasiones mientras los paramédicos llegaban en ambulancia a casa para asistirla en la respiración. Después de dieciocho meses de investigación en busca de respuestas, el mismo dispositivo que Dios usó para traernos a San Diego para ayudar a otros salvó la vida de Alexis. ¡Nuestro Dios hace milagros!

Dios nos ha bendecido con oportunidades de contar esta historia a través de cientos de medios de comunicación del mundo. Él ha colocado a una madre que ora, como yo, frente a miles de científicos, investigadores, congresistas e incluso el Presidente de los Estados Unidos para contar su historia en nuestra vida. Él ha trabajado a través de cada una de estas oportunidades para alcanzar a millones de personas que necesitan respuestas, esperanza y a Jesús. Hemos visto personas atraídas a Jesús al contar nuestro testimonio y orar con ellas. Dios ha hecho más de lo que jamás podríamos haber soñado o imaginado. Él es un Dios de milagros. ¡Dios escucha nuestras oraciones y sus planes son mucho mejores que los nuestros!

Sea cual sea tu problema, Dios tiene un plan realmente mucho más grande del que podrías pedir o imaginar. ¡Sigue adelante! Medita en el Salmo 16:8 (LBLA): Al Señor he puesto continuamente delante de mí; porque está a mi diestra, permaneceré firme".

11

Acepta la paz de Dios y una vida inquebrantable

*"Una cosa hago: olvidando ciertamente lo que
queda atrás, y extendiéndome a lo que está
delante, prosigo a la meta, al premio del supremo
llamamiento de Dios en Cristo Jesús".*

FILIPENSES 3:13-14

Una cosa es leer un libro sobre la necesidad de permanecer firmes e inquebrantables a pesar de las tormentas de nuestra vida. Y otra cosa completamente distinta es tomar en serio estos principios para que Dios nos transforme y podamos desechar el temor y aceptar su fortaleza, su sabiduría y su poder. En este capítulo, cada una de nosotras queremos tener una sección para animarte a poner en práctica estas verdades en tu vida diaria con el Señor.

Una palabra final de Cyndie

Las vicisitudes de la vida pueden ser difíciles. Cuando pienso en todo lo que mi propia familia y todos mis familiares han sufrido debido a complicaciones de salud y enfermedades graves, problemas financieros y consecuencias por malas decisiones, de alguna manera es emocionante darnos cuenta de que no hemos perdido la sonrisa. ¿Por qué? Porque podemos confiar en un Dios de amor que usa todas las cosas para nuestro bien y que nos está transformando para algo mucho más grande que nuestra propia vida.

Puede que hayas adivinado que uno de mis versículos favoritos es Efesios 2:10, que hemos visto varias veces a lo largo de este libro. Vale la pena memorizar y repetir diariamente este maravilloso versículo: "Porque somos hechura suya, creados en Cristo Jesús para buenas obras, las cuales Dios preparó de antemano para que anduviésemos en ellas".

¡Impresionante! El Dios de la creación me ama tanto que quiere lo mejor para mí, y Él escogió con cuidado las "buenas obras" que preparó de antemano para que las pusiera en práctica. Él no nos da lo que queremos solo porque le roguemos o le imploremos; Dios responde las oraciones en su tiempo perfecto y de una manera que nos sorprenda y nos regocije de tal modo, que sepamos, sin duda alguna, que la respuesta a nuestra oración vino de Él.

Hace años, mientras estaba teniendo mi momento devocional en mi sillón para tal uso, finalmente comprendí una verdad que ya has leído en este libro: "Dios se interesa mucho más por nuestro carácter que por nuestro bienestar".

Uno de mis sobrinos ha sufrido trastornos convulsivos extremos desde que era un pequeño niño intrépido. Como resultado de la abundante mezcla de fuertes medicinas, horrorosas convulsiones diarias, estados de coma y cirugías experimentales, el habla y los movimientos de Harley son lentos. Sin embargo, su personalidad jovial traspasa todo eso. Dios lo ha usado y ha usado a mi hermana para ministrar a muchas personas a través de los años, con frecuencia en medio de internaciones hospitalarias no deseadas y experiencias horribles. ¿Ha creado el Dios de amor a Harley Claypool con un buen propósito? ¡Claro que sí! ¿Ha sido fácil para mi hermana que es mamá soltera? ¡Claro que no! Pero ella se aferra a su Padre celestial y mantiene sus ojos puestos en Él, para poder tener la fortaleza de permanecer firme y testificar del amor de Cristo a todos los que la rodean.

· ·

Dios responde las oraciones en su tiempo perfecto
y de una manera que nos sorprenda y nos regocije
de tal modo, que sepamos, sin duda alguna,
que la respuesta a nuestra oración vino de Él.

· ·

Otro sobrino, de parte de la familia de mi esposo, nació sin una de las cavidades cotiloideas y con una pierna más corta que la otra. Tuvo que someterse a varias cirugías y usar una pierna ortopédica. Sin embargo, sigue perseverando. De hecho, nunca lo he escuchado quejarse de su pierna. En su primer año en la escuela secundaria, Ethan apareció en doble página en el anuario de su escuela con el título "inquebrantable". El artículo especial, colocado en exhibición en la feria del condado para que todos lo vieran, dice: "Su fe en Dios también le ha dado esperanza frente a los retos de la vida. 'Solo sé que Dios me hizo de una manera especial y tiene planes para mí, y Él hará grandes cosas conmigo —dijo de Neve—. Eso me da mucha tranquilidad'". Un gran testimonio que sin duda ha animado a más personas de las que Ethan pueda imaginar.

La providencia de los cuatro pasos de la oración

¿Cómo puede mi familia permanecer firme a pesar de las olas de problemas que tratan de hacernos caer? Tenemos puestos nuestros ojos en el Señor. Por eso el primer paso de oración es la alabanza. En la alabanza dejamos de mirar nuestros problemas y ponemos nuestra mirada en el Dios que tiene poder para resolver cualquier situación. Solo cuando tenemos una visión amplia de nuestra vida podemos ver que, tal vez, Dios esté usando nuestra adversidad para moldearnos, encarrilarnos y alcanzar a otros para Él.

El solo hecho de dejar de mirar nuestra propia vida y poner nuestros ojos en el Creador es poderoso, sin embargo, el segundo paso de la oración es transformador. Cuando dedicamos un momento a confesarle nuestros pecados al Señor y le invitamos a escudriñar nuestro corazón, admitimos que estamos equivocadas y le pedimos que nos ayude a no volver a pecar, entonces nos convertimos en vasijas limpias, que Dios puede usar de una manera que tal vez nunca comprendamos mientras estemos en esta tierra. Además, cuando el canal entre nosotras y nuestro Padre celestial está limpio, podemos escuchar con mayor claridad sus instrucciones y hacer oraciones guiadas por el Espíritu Santo. ¡Y, sí, a Dios le encanta responder esas oraciones!

El tercer paso, la acción de gracias, puede cambiar nuestra actitud por completo. Cuando dejamos de pensar en todas las cosas que nos molestan y empezamos a agradecer a Dios por todas las bendiciones que nos ha dado, nuestra actitud cambia automáticamente. (Si este paso te resulta difícil, lee el libro de Ann Voskamp, *Un millar de obsequios*).

Después de alabar, confesar nuestros pecados y dar gracias, nuestro corazón está en condiciones de interceder por otros y pedir a Dios que intervenga en sus vidas de manera poderosa. Nuestras oraciones a menudo son más profundas y más poderosas después de alabar a Dios, de confesarle nuestros pecados y de darle gracias. En ese momento estamos en condiciones de dejarnos guiar por el Espíritu Santo y orar específica y escrituralmente por aquellos que Dios traiga a nuestra mente. A veces Dios nos llevará a orar por personas que ni siquiera conocemos; personas que sabemos que están sufriendo por medio de las noticias o las redes sociales. Los encabezados de las noticias o bien las publicaciones en los muros de Facebook nos ofrecen una gran oportunidad de orar específicamente por aquellos que están sufriendo.

· ·

Solo cuando tenemos una visión amplia de
nuestra vida podemos ver que, tal vez, Dios esté
usando nuestra adversidad para moldearnos,
encarrilarnos y alcanzar a otros para Él.

· ·

Ora sin cesar

Aunque orar con otras mujeres unánimemente y de acuerdo es una manera poderosa de mantenernos enfocadas en cada uno de los cuatro pasos y nos ayuda a interceder por otros, ese no debería ser el único momento para usar los cuatro pasos de oración. En 1 Tesalonicenses 5:7 se nos da un mandato importante: "Orad sin cesar". Si realmente queremos permanecer firmes en medio del frenesí de la vida en la tierra, entonces necesitamos "ora[r] sin cesar". Además, queremos experimentar la paz de Dios, ¿verdad? Filipenses 4:4-7 nos da la receta para recibir su paz:

> Regocijaos en el Señor siempre. Otra vez digo: ¡Regocijaos! Vuestra gentileza sea conocida de todos los hombres. El Señor está cerca. Por nada estéis afanosos, sino sean conocidas vuestras peticiones delante de Dios en toda oración y ruego, con acción de gracias. Y la paz de Dios, que sobrepasa todo entendimiento, guardará vuestros corazones y vuestros pensamientos en Cristo Jesús.

¡Me encanta este pasaje de las Escrituras! A veces estamos aferradas fuertemente a nuestra ansiedad, pero, si empezamos a alabar, cuando llegamos al paso de la confesión, por lo general, estamos listas para entregarle el pecado de la preocupación a Dios y permitir que Él nos llene de su paz inexplicable.

Me gusta empezar el día con un tiempo devocional, de lectura bíblica y oración al Señor. Puede que no estés familiarizada con la expresión "tiempo devocional". Es un tiempo especial entre tú y el Señor, cuando puedes leer y orar con las Escrituras y permitir que el Espíritu Santo hable a tu corazón. Este tiempo también te ofrece la oportunidad perfecta para orar bíblica y específicamente por otros. Entrégale tus preocupaciones a Dios y permite que su paz y su gozo llenen tu corazón.

No soy muy simpatizante de leer de corrido toda la Biblia en un año; me gusta meditar en un pasaje. Podría pasar varios días leyendo el mismo capítulo para poder asimilar bien el significado y pedirle a Dios que me ayudara a manifestar en mi vida ese pasaje. A veces uso mi teléfono celular para tomar una foto del pasaje y así poder repasarlo durante el día. Además, me encanta encontrar valiosas palabras llenas de verdad, sabiduría y dirección para orar por otros. Las mejores oraciones basadas en las Escrituras proceden de nuestros propios devocionales privados. Me gusta ser suficientemente flexible con la lectura bíblica, de tal modo que si Dios me dirige a leer otro pasaje en esa mañana, no tenga que estresarme para poder terminar con mi plan de lectura.

·······························

Entrégale tus preocupaciones a Dios y permite
que su paz y su gozo llenen tu corazón.

·······························

¿Dónde deberías orar? ¡Bueno, donde quieras! Sí, me encanta orar y tener mi tiempo devocional en mi sillón preferido; pero la Biblia dice que debemos "ora[r] sin cesar". Por lo tanto, ¿en qué otro lugar nos podemos concentrar en la oración? Cuando estoy caminando en mi cinta elíptica o saco a pasear los perros, los cuatro pasos de oración me ayudan a centrar mis pensamientos y concentrarme en la oración. A mi hijo le gusta orar con los cuatro pasos de oración cuando está andando en patinete por el campus de su colegio.

Intenta hacer esto en algún momento: cuando estés conduciendo sola (cuando mis hijos eran pequeños, ¡ese era un placer poco frecuente!), no enciendas la radio. Conduce en silencio, ora deliberadamente con los cuatro pasos de oración y pídele a Dios que te muestre por quién orar específicamente. A veces Él podría dirigirte a orar por un indigente que vive en la calle o un policía que maneja un patrullero o una mujer con un auto lleno de niños que gritan tan fuerte, que los puedes oír desde tu auto con las ventanillas cerradas. Otras veces Él querrá que ores por tu amiga, tu esposo o tus hijos. Al estar en silencio puedes oír la instrucción del Espíritu Santo que te lleva a orar por personas que tal vez no pensabas que necesitaban la intervención de Dios.

A cada persona que lee este libro, esta es mi oración por ti, directamente de Efesios 3:14-21.

Por esta causa doblo mis rodillas ante el Padre de nuestro Señor Jesucristo, de quien toma nombre toda familia en los cielos y en la tierra, para que os dé, conforme a las riquezas de su gloria, el ser fortalecidos con poder en el hombre interior por su Espíritu; para que habite Cristo por la fe en vuestros corazones, a fin de que, arraigados y cimentados en amor, seáis plenamente capaces de comprender con todos los santos cuál sea la anchura, la longitud, la profundidad y la altura, y de conocer el amor de Cristo, que excede a todo conocimiento, para que seáis llenos de toda la plenitud de Dios. Y a Aquel que es poderoso para hacer todas las cosas mucho más abundantemente de lo que pedimos o entendemos, según el poder que actúa en nosotros, a él sea gloria en la iglesia en Cristo Jesús por todas las edades, por los siglos de los siglos. Amén.

Una palabra final de Sally

Estimada lectora, tú eres una hija del Rey de reyes y Señor de señores (Ap. 19:16), ¡Aquel que gobierna sobre todo! Nuestro Rey actúa como le place entre los habitantes de la tierra (Dn. 4). Le plació a Dios crearte en el vientre de tu madre con un propósito superior, para influenciar a este mundo para Cristo y glorificar el nombre de Dios.

El Salmo 139:13-14 declara: "Porque tú formaste mis entrañas; tú me hiciste en el vientre de mi madre. Te alabaré; porque formidables, maravillosas son tus obras; estoy maravillado, y mi alma lo sabe muy bien". En la versión de la Nueva Traducción Viviente, el versículo 13 dice: "Tú creaste las delicadas partes internas de mi cuerpo y me entretejiste en el vientre de mi madre". La definición hebrea de la palabra *yatsar*, raíz de la palabra castellana *"formaste"*, significa "predestinar, plan divino, propósito, dar forma, moldear". Tu ADN es especial y ha sido creado para tu llamamiento único. ¡Dios no malgastó su aliento cuando te formó! Él tiene un propósito único y predestinado para cada día de tu vida. Dios te ha llamado para Él y te ha llenado con el poder del Espíritu Santo para que puedas cumplir su maravilloso llamamiento para tu vida, como lo afirma Lucas 24:49 que dice "investidos de poder desde lo alto".

Si no estás segura de ser una hija de Dios, escucha esto: ¡*Puedes* estar segura! En Romanos 10:9, Dios nos dice: "Si confesares con tu boca que Jesús es el Señor, y creyeres en tu corazón que Dios le levantó de los muertos, serás salvo". Puedes hacer una simple oración como esta: "Amado Dios, gracias por el regalo de tu Hijo, Jesús. Creo que Él murió en la cruz por mis pecados. Quiero ser tu hija. Te ruego que me perdones mis pecados y vengas a mi corazón. Gracias por escuchar mi oración. En el nombre de Jesús, amén". ¡Si hiciste esta oración, eres de Él! Juan 1:12 dice: "Mas a todos los que le recibieron, a los que creen en su nombre, les dio potestad de ser hechos hijos de Dios".

....

Si no estás segura de ser una hija de Dios,
mira, te lo afirmo: ¡Puedes estar segura!

....

Cuando las pruebas amenazan tu fundamento

Circunstancias preocupantes nos sacuden a todas. Mientras escribimos este libro, mi familia está experimentando una terrible prueba. Ya leíste sobre mi hijo David y su crisis de salud. Eso fue el año pasado. Este año nuestro hijo mayor, Ryan, contrajo una enfermedad que afectó gravemente su cuerpo y su mente y eso le cambió la vida. Es un joven que ama a Jesús y a los demás; sin embargo, estaba trabajando tanto que descuidó su salud. Esto no solo le afecta a él, sino a su reciente esposa y a toda nuestra familia.

Al principio, es natural sentirnos destrozadas cuando enfrentamos una crisis. Imagínate que ves a tus adorables y preciosos hijos, que aman a Jesús y al prójimo, contraer semejante enfermedad. Por la gracia de Dios y años de recordar quién es Él, hemos puesto nuestros ojos en Jesús, el autor y consumador de nuestra fe. Él nos ha llamado y preparado por medio de la oración para terminar la carrera que nos ha puesto por delante. Me aferro a la promesa de Filipenses 1:6: "estando persuadido de esto, que el que comenzó en vosotros la buena obra, la perfeccionará hasta el día de Jesucristo".

Observo a mis otros hijos enfrentar la enfermedad de su hermano Ryan, los veo estar con él y su esposa y recordarles que no están solos.

Dios y nuestra familia estamos con ellos mientras atravesamos juntos esta prueba que Él ha ordenado. Le doy la gloria a Dios por el vínculo fraternal y cómo se alientan uno al otro: un tesoro como Dios promete aun en medio de la oscuridad (Is. 45:3 NTV).

Algunos de los tesoros me han sorprendido. Ryan está mejor ahora —ya camina y habla— y podemos ver que, aun en su frágil condición, Dios estaba obrando a través de él. Ryan y yo estábamos juntos un día, meses después que saliera del hospital. Nos encontramos con un joven, y Ryan empezó a entablar una conversación con él sobre su bicicleta. Me hice para atrás, porque sabía que Ryan iba a testificarle de Jesús. Después de cinco minutos de conversación, el joven le miró bien y le dijo: "¡Yo te conozco! Tú hablaste conmigo hace unos meses en un restaurante". En ese momento, Ryan apenas podía caminar y hablar, así que solo él y yo podíamos imaginar cómo pudo haber sido esa conversación. Ryan sonrió y le dijo: "¿No te hablé de que 'Jesús es el Señor?". El joven dijo: "Sí, y me recomendaste que fuera a la iglesia. Estuve yendo y me encanta". Tanto Ryan como este joven irradiaban gozo. Siguieron hablando por algunos minutos más, y me quedé allí viendo que nada es demasiado difícil ni imposible para Dios.

Después de hablar de la condición de Ryan en una de nuestras reuniones de "Permanece firme", una madre preciosa me escribió estas palabras: ¡Buenos días, Sally! Nos conocimos en la conferencia de Madres Unidas para Orar, aunque yo te conocía desde hacía algunos años cuando mi familia asistía a Temecula Hills. Vi la hermosa foto de tu familia en la portada y mi corazón se conmovió. Mi hija menor tiene necesidades especiales y ha asistido a varias clases de comportamiento del distrito. Hace dos años, en una clase de su escuela primaria había un auxiliar de quien hablaba casi todos los días totalmente deslumbrada y encantada. Ella siempre ha sido muy expresiva sobre su amor por Jesús y a menudo el personal docente la hacía callar porque no había otros cristianos en su clase. Este auxiliar, en particular, le dijo que también amaba a Jesús, y la apoyaba con una sonrisa cada vez que ella hablaba de su amor por Jesús. Yo siempre oraba por los maestros y los auxiliares y hacía una oración

especial de agradecimiento y protección por este auxiliar en particular. ¡Qué sorpresa es saber que ese jovencito maravilloso y compasivo,
que Dios puso en la vida de mi hija durante esa etapa, era tu hijo
Ryan! ¡Para mí es un tesoro! He visto personalmente los frutos de
todas las oraciones hechas por tu hijo. ¡Oro para que tengas un buen
día y le doy gracias a Dios por ti y tu hermosa familia!".

En el libro de los Hechos, vemos a hombres comunes y corrientes, que transformaron el mundo gracias a su Dios extraordinario. De
hecho, trastornaron el mundo para Cristo, ¡y su testimonio ha cambiado vidas para toda la eternidad! En 2 Pedro 3, Pedro nos exhorta
a tener una vida santa (apartada) y piadosa (adorar y agradar a Dios
con nuestra vida). En 2 Pedro 3:17-18 dice: "Así que vosotros, oh
amados, sabiéndolo de antemano, guardaos, no sea que arrastrados
por el error de los inicuos, caigáis de vuestra firmeza. Antes bien,
creced en la gracia y el conocimiento de nuestro Señor y Salvador
Jesucristo. A él sea gloria ahora y hasta el día de la eternidad. Amén".

Es importante recordar que estas palabras proceden de un hombre que cayó de su firmeza cuando arrestaron a Jesús. ¡De hecho,
fue tal la caída de Pedro que hasta negó conocer a Cristo! Más adelante, sus propias debilidades le hicieron caer. Sin embargo, cuando
se dio cuenta del profundo amor de Cristo por él, renovó su compromiso con el Señor y le sirvió con más lealtad. Cuando puso sus ojos
en Cristo, Dios lo usó mucho más de lo que jamás hubiera podido
imaginar. Pedro llegó a influenciar al mundo para Cristo; un mundo
que era tan malo y peligroso como el de hoy. Hombre y mujeres fortalecidos por Dios para permanecer firme en medio de este mundo
caído han cambiado para siempre el destino de la raza humana.

La oración no solo es una invitación a actuar; sino una invitación
a adoptar una forma de vida. Cada uno de los cuatro pasos de oración es transformador. Puedes convertirte en una mujer de alabanza,
confesión, acción de gracias e intercesión y, por consiguiente, ser
una mujer que permanece firme en medio del caos de este mundo.
Permite que estos cuatro pasos de oración cambien tu vida y verás
cómo Dios obrará a través de ti de manera poderosa.

La *oración* no solo es una invitación a **actuar**; sino una invitación a adoptar *una forma de vida*.

Sigue caminando hacia una vida inquebrantable

Pablo, un hombre de oración pudo haberse abatido debido a la culpa de los asesinatos que había cometido en el pasado o la agonía de haber sido azotado, golpeado, encarcelado, falsamente acusado, y de haber naufragado y haber estado en peligro de muerte. Sin embargo, permaneció firme. Pablo fue un hombre de mucho gozo, un hombre de mucha paz, un hombre de mucha oración. En cada una de sus cartas, revela cuál era su secreto: permanecer constantemente en Cristo. Aquí hay algunos ejemplos de sus palabras de aliento para ti y para mí.

1 Corintios 1:5

Porque en todas las cosas fuisteis enriquecidos en él, en toda palabra y en toda ciencia.

2 Corintios 1:20

Porque todas las promesas de Dios son en él Sí, y en él Amén, por medio de nosotros, para la gloria de Dios.

2 Corintios 2:14

Mas a Dios gracias, el cual nos lleva siempre en triunfo en Cristo Jesús, y por medio de nosotros manifiesta en todo lugar el olor de su conocimiento.

Colosenses 2:9-10

Porque en él habita corporalmente toda la plenitud de la Deidad, y vosotros estáis completos en él, que es la cabeza de todo principado y potestad.

Y, como dice en Filipenses 1:6, Dios siempre termina lo que empieza. ¡Lo que Dios dice que sucederá, así será! Jesús terminó con gozo aquello que Dios le había llamado a hacer por nosotros. Jesús tuvo que venir a vivir una vida sin pecado, estar dispuesto a morir por nuestros pecados y resucitar, conquistar el pecado ¡y el castigo de la muerte! A pesar de la complejidad, la adversidad y la imposibilidad de su llamamiento, Jesús terminó la carrera que tenía por delante cuando declaró victoriosamente en la cruz "consumado es". La obra de Jesús actualmente es cumplir la voluntad de Dios en y a través de nuestra vida. Puesto que podemos distraernos en nuestro camino hacia el cumplimiento del supremo llamamiento de Dios, apreciadas creyentes, debemos mantener nuestros ojos puestos en Jesús, permanecer en Él y estar firmes. Todo esto es posible por medio de la oración.

El legado que cambia el mundo

Realmente creo que Dios tiene un plan para esta nueva generación. Hemos estado haciendo oraciones unánimes y poderosas durante más de treinta años. Estamos viendo a Dios levantar un ejército de mujeres de oración, una hermandad poderosa que ora por esta generación y las generaciones que vendrán. ¡Sorprendentemente, esta nueva generación más joven se está uniendo a nosotras en oración! Hace poco, en nuestra iglesia tuvimos un concierto de oración. Muchos jóvenes oraron junto a nosotras y durante varias horas clamaron por la iglesia, nuestra ciudad y nuestro país.

La madre de un joven llamado Nick Hall se unió a otras mujeres para orar por él en un grupo de Madres Unidas para Orar. Dios está usando a este joven para tocar la vida de estudiantes universitarios y otros jóvenes. Nick no tenía la intención de crear el ministerio PULSE; sino de testificar sobre la esperanza de Jesús en su universidad. Pero debido a la cantidad de vidas que alcanzó, fundó PULSE con el objetivo de fomentar la propagación del evangelio. Recientemente, su organización ha convocado a casi quinientas mil personas para reunirse y levantar el nombre de Jesús en el National Mall de Washington, DC. Junto a Nick Hall y la juventud estadounidense estuvo Francis Chan, el Dr. Tony Evans, Hillsong United, Josh McDowell, Jeremy Camp y muchos otros, quienes estuvieron siete horas en incesante alabanza y ferviente oración a Dios por nuestro país. ¿Puedes imaginar lo que Dios hará si nuestros jóvenes se unen y se mantienen firmes para Cristo? ¡Esto es exactamente lo que le estamos pidiendo a Dios! Que le conceda su poder a esta generación

—y a todas las generaciones hasta que Cristo vuelva— para poder caminar poderosamente delante de Él y cambiar la historia.

Una de nuestras madres volvió de Camerún y me contó esta impresionante historia. Cuando la esposa del obispo habló en una sala llena de mujeres de oración, las animó y las despidió con este pensamiento: "No pregunten qué clase de Camerún le dejaremos a esta generación, sino qué clase de generación le dejaremos a Camerún".

¡Preguntémonos qué clase de generación le dejaremos a esta tierra!

....

¿Puedes imaginar lo que Dios hará si nuestros jóvenes se unen y se mantienen firmes para Cristo?

....

Cada día que pasa estamos más cerca de ver a Jesús cara a cara. Es mi oración que podamos vivir como Pablo describe en Filipenses 3:13-14: "Hermanos, yo mismo no pretendo haberlo ya alcanzado; pero una cosa hago: olvidando ciertamente lo que queda atrás, y extendiéndome a lo que está delante, prosigo a la meta, al premio del supremo llamamiento de Dios en Cristo Jesús". ¿Está tu vida influenciando a este mundo para Cristo? ¿Pondrás tus ojos siempre en el Señor? Si se lo permites, Él cumplirá su llamamiento supremo sobre tu vida y hará grandes cosas a través de ti. Jesús dice en Juan 15:7-8: "Si permanecéis en mí, y mis palabras permanecen en vosotros, pedid todo lo que queréis, y os será hecho. En esto es glorificado mi Padre, en que llevéis mucho fruto, y seáis así mis discípulos".

¿Pondrás tus ojos en el Señor y permanecerás en Él? Si lo haces, podrás permanecer firme. ¡Influenciemos juntas a este mundo para Cristo a través de la oración! Que nuestra vida pueda agradar a Dios y glorificar el nombre de nuestro Padre celestial al unirnos y permanecer firmes.

Reconocimientos de Sally

Primero agradezco a Dios por su inefable regalo al enviarnos a Jesús. Estoy agradecida por el supremo llamamiento de Dios a servirle aquí y ahora, capacitando a cada creyente por medio del Espíritu Santo para todo lo que necesitamos en la vida y la piedad.

Doy gracias a Dios por Fern Nichols y su respuesta al llamamiento de Dios de convocar a mujeres para orar por sus hijos y las escuelas. Su vida ha sido de mucha inspiración para que muchos lleguen a Cristo. Estoy agradecida por sus continuos consejos y palabras de aliento.

Doy gracias al Señor por mi querida amiga Nancy McKenzie, por llevarme a mi primera reunión de Madres Unidas para Orar. Y por las maravillosas mujeres del grupo de Madres Unidas para Orar, Janet, Cathy, Lori, Jodi, Bonnie, Lynn, Carol, Dawn, Debbie, Remy, así como por nuestras abuelas del grupo de oración.

Gracias por mi compañera de viaje en el mundo Marlae Gritter. Gracias, Estha Trouw por todo el trabajo y el apoyo recibido para que este libro fuera posible. Y gracias a mis hermanas de las oficinas centrales de Madres Unidas para Orar: Kelly Alarcon, Cathi Armitage, Susan Bagnell, Aubrie Burke, Rhonda Burt, Robin Clark, Sandra Chute, Kathryn Coffelt, Jill Farrell, Jackie Fitz, Judy Fuller, Sharon Gamble, Perri Houze, Kim Howard, Sue Iacoboni, Georgene Kamphuis, Jackie Marcum, Debbie Mears, Eileen Moore, Bonnie Nichols, Tiffany Nichols, Teresa Wu, y Linda Zifko.

Estoy agradecida por mi iglesia, cuyas personas viven la Palabra de Dios y siempre me ofrecen su apoyo y aliento. Y por las mujeres de nuestra iglesia, que me motivaron a escribir este libro.

Estoy agradecida al Señor por mis hermanas de todo el mundo, que perseveran junto a mí en Madres Unidas para Orar para batallar por los niños y las escuelas.

Gracias, Stephen Kendrick, por motivarme a escribir este libro con tus palabras inspiradoras para Estha y para mí en la premier de *Cuarto de guerra*.

Cyndie, gracias por acompañarme en el proyecto de escribir este libro. Has hecho que fuera divertido y de inspiración. Es mi oración que puedas seguir escribiendo; eres muy talentosa.

Mi querida y preciosa familia, estoy muy agradecida al Señor por ti: mi esposo, Ed, que siempre me apoyas de diversas maneras. Mis hijos y sus esposas, Ryan, Claire, Ginae, Garrett, David, Liz y Aubrie, las razones de mi comienzo en esta aventura de oración. Y por mis nietos, Grant y Genevieve, las razones de mi pasión por seguir orando hasta que esté en el cielo o el Señor vuelva. Los amo más de lo que mis palabras pueden expresar.

Reconocimientos de Cyndie

Gracias, Sally, por pedirme que te acompañara en la aventura de escribir este libro. ¡Ayudar a las mujeres a dar los pasos de alabanza, confesión, acción de gracias e intercesión es revolucionario! Estoy emocionada de ver cómo Dios usará este libro. Gracias, Estha Trouw, por ayudarnos a empezar y seguir adelante, y gracias a Pam Farrel y Teresa Evenson por las palabras de aliento y sabiduría.

Fern Nichols, gracias por fundar Madres Unidas para Orar Internacional cuando yo era solo una adolescente y por cómo ha cambiado mi vida al orar en un grupo. Y por cada una de mis compañeras de oración a lo largo de los años, que han intercedido por mis hijos en cada una de las distintas dificultades, *¡gracias!* Un especial agradecimiento a mi hija, Zoe, y a sus amigas y sus madres que estuvieron dispuestas a que "probara" con ellas el estudio bíblico de *Permanece firme*: Becky y Mary Stokely, Karen y Kassandra Abirgas, Lisa y Jenna Merrill, y Cathy y Michelle Menconi. ¡Fueron un grupo divertido!

Por supuesto, estoy muy agradecida por mi familia, que me ha apoyado en cada libro que he escrito durante todos estos años y por mis hijos, que siempre me han permitido usar sus extrañas ocurrencias como ilustraciones, especialmente cuando estaba escribiendo una columna del periódico sobre la vida de familia. Mi esposo, Marcel, y mis dos hijos, Elliott y Zoe, siempre me hacen reír… ¡y orar! Mi "mamita", Carol Claypool, se merece un premio no solo por darme un respiro en varias ocasiones, sino por apoyarme y animarme a escribir desde que era niña… ¡y por coleccionar casi todos mis artículos publicados desde que tenía 12 años!

Y un especial agradecimiento a mis cinco hermanos (yo soy la orgullosa "cuarta" de seis hermanos): Cathy Chan, Cherrie Underwood, Colleen Claypool, Kelly Winter y Cliff John Claypool. ¡No sería quien soy sin ustedes!

Acerca de la autora: Sally Burke

Sally Burke, presidenta de Madres Unidas para Orar Internacional, creció en Cocoa Beach (Florida). Desde niña le fascinaba el programa espacial y más tarde llegó a ser ingeniera del transbordador espacial. No fue hasta después de casarse y tener a sus dos primeros hijos, que ella y su esposo llegaron por la fe a Cristo y Dios empezó a cambiar sus prioridades. Su inserción en Madres Unidas para Orar Internacional en 1990 le cambió la vida. Como una joven madre y nueva creyente, descubrió que Dios trabaja fielmente en la vida de los niños en respuesta a la oración y la importancia del vínculo de la hermandad entre las madres que oran. Llena de gozo, Sally empezó a testificar de esta esperanza a otras madres.

Dios la ha guiado paso a paso, primero como líder de grupo de Madres Unidas para Orar y después como coordinadora del área de Madres Unidas para Orar en su ciudad natal, Temeluca (California), donde Dios levantó sesenta nuevos grupos de Madres Unidas para Orar. Más adelante, llegó a ser la coordinadora regional de todo el Condado Riverside y de sus veinticinco distritos escolares con setecientas escuelas y medio millón de estudiantes. En 2008, Sally "asumió la responsabilidad mundial" de Madres Unidas para Orar Internacional como la directora del campo ministerial, en la dirección espiritual y estratégica del ministerio en todo el mundo. Durante su ejercicio, Dios duplicó el número de naciones donde funcionan grupos de Madres Unidas para Orar.

Hoy día, en su función de presidenta de Madres Unidas para Orar Internacional, Sally continúa con un legado que empezó hace treinta años. Es una predicadora y maestra dinámica, a quien le gusta animar, capacitar y potenciar a las mujeres de todo el mundo para orar. Sally ha sido entrevistada en el programa nacional de radio de James Dobson, *Family Talk*, así como también en la radiodifusora nacional de Calvary Chapel, *Today's Faith*.

Sally y su esposo, Ed, tienen cuatro hijos adultos —su hijo Ryan casado con Claire, su hija Giane casada con Garrett, su hijo David casado con Liz y su hija Aubrie- y dos nietos, Grant y Genevieve.

Para contactar a Sally, se puede enviar un correo electrónico a info@momsinprayer.org.

Acerca de la autora: Cyndie Claypool de Neve

Cyndie Claypool de Neve, quien obtuvo una maestría en Psicología de la Consejería, escribió su primer artículo, publicado en una revista nacional eclesiástica, a los doce años. A los dieciocho empezó a trabajar en una sala de redacción y ha escrito casi mil artículos, columnas e historias de opinión especializadas. Es la editora principal y coordinadora del libro *Cuando las madres oran juntas*, publicado por Casa Creación en 2011, y ha sido entrevistada en el programa internacional de radio de James Dobson, *Family Talk*.

Como directora de comunicaciones de Madres Unidas para Orar Internacional durante cinco años, Cyndie introdujo el ministerio a las redes sociales y comenzó con el uso de vídeos narrativos. Para animar a las madres a orar todos los días, Cyndie coordinó la creación de oraciones basadas en las Escrituras y su envío por correo electrónico a miles de madres cada mañana de la semana. Cyndie también supervisó el cambio de nombre de la organización, que de Madres en Contacto Internacional pasó a llamarse Madres Unidas para Orar Internacional hasta el día de hoy, y ha ayudado a establecer el día de oración mundial por las iglesias, llamado "bendice nuestra escuela dominical".

Hoy día trabaja como directora ejecutiva de servicios creativos y técnicos de la Emmanuel Faith Community Church, con una asistencia promedio de 4.500 personas los fines de semana. Dirige un departamento de nueve personas, incluido el personal de comunicaciones, artes gráficas, vídeo, medios de comunicación e informática.

Apasionada por la oración y por ayudar a las personas a encontrar su propósito divino, Cyndie disfruta de la enseñanza y ha dirigido diversos estudios bíblicos, grupos de oración, talleres y clases de escuela dominical.

Cyndie y su esposo, Marcel, viven en Escondido (California), donde tienen dos hijos creativos y amenos: Elliott, que está en la universidad, y Zoe, que está en la escuela secundaria… y tres adorables perros de rescate.

Para contactar con Cyndie, visita www.cyndiedeneve.com.

Madres Unidas para Orar Internacional

¿Eres una madre que desea orar unánimemente y de acuerdo con otras madres como lo relatan tantas otras mujeres en este libro? ¿Quieres presentar tus cargas por tus hijos y sus escuelas al Señor junto a otras madres y experimentar la paz inexplicable de Dios? Una hermandad mundial de mujeres que oran espera que te unas a ellas. ¡Unámonos para permanecer firmes e influenciar a este mundo para Cristo!

Madres Unidas para Orar Internacional alcanza a niños y escuelas para Cristo a través de la oración. Nuestra visión es cubrir en oración a cada escuela del mundo. Por más de treinta años Dios ha estado transformando vidas a través de la unión de mujeres para orar durante una hora por semana en más de ciento cuarenta países de todo el mundo. Hemos sido testigos de un avivamiento y un despertar espiritual. La vida de las mujeres está siendo transformada al seguir estos poderosos cuatro pasos de oración: alabanza, confesión, acción de gracias e intercesión. Un pastor de Nepal comentó: "Madres Unidas para Orar se está propagando por las naciones y muchos pastores y líderes están solicitando este movimiento en sus zonas e iglesias, porque desean experimentar este poderoso cambio en la vida de sus hijos y sus comunidades también".

Ahora puedes asistir a reuniones de *Permanece firme*, donde batallarás junto a otras madres en oración y aprenderás a permanecer firme a pesar de tus circunstancias. Únete a la hermandad de guerreras de oración para alcanzar a la próxima generación para Cristo.

Para encontrar otra madre de oración o para registrarte para recibir diariamente oraciones basadas en las Escrituras, visita: www.MomsInPrayer.org/es/

O escribe a

info@MomsInPrayer.org o llamar al (855) 769-7729

Averigua qué tipo de grupo de Madres Unidas para Orar se ajusta a tus necesidades en

http://momsinprayer.org/get-involved/join-a-group/

Localiza y regístrate para una reunión de
Permanece firme cercana a tu domicilio en:

http://momsinprayer.org/events/unshaken/

moms in prayer
I N T E R N A T I O N A L®
Praying for Children and Schools

Unámonos…
así podremos permanecer firmes y recibir poder en Cristo.

Ministerios destacados en este libro

Hearts at Home | *www.heartsathome.org*

La misión de *Hearts at Home* es alentar, enseñar y capacitar a las madres en cada etapa de la maternidad, mediante el uso de los valores cristianos que fortalezcan a las familias.

Young Life | *www.younglife.org/es*

Young Life es un ministerio que alcanza a casi un millón y medio de estudiantes de escuelas de enseñanza media, escuelas secundarias y universidades en comunidades de todos los Estados Unidos y el mundo, mediante el cual ofrecen a los estudiantes ejemplos para seguir, actividades sanas y un significado en la vida.

Aviva nuestros corazones | *www.avivanuestroscorazones.com*

Nancy DeMoss Wolgemuth ha tocado la vida de millones de mujeres a través de *Aviva nuestros corazones* y el Movimiento de Mujer Verdadera mediante los cuales las llama a avivar sus corazones y a una feminidad bíblica.

MOPS | *www.mops.org*

El ministerio de Madres de Preescolares une a mujeres de todo el mundo con otras mujeres de su comunidad, quienes se juntan para reír, llorar y aceptar la etapa de la maternidad.

Love Wise | *www.love-wise.com*

La escritora y conferencista Pam Farrel y su esposo, Bill, ayudan a las familias a amarse más profundamente para poder vivir mejor. Tienen decenas de libros, entre los que se incluyen: *El lenguaje secreto de las parejas exitosas* y recursos llenos de consejos prácticos y alentadores disponibles en su sitio web.

Praying Life Foundation | www.prayinglife.org

La fundación *Praying Life* ofrece seminarios especializados en oración, discurso y oratoria, organización de retiros, etcétera. Jennifer Kennedy Dean es una importante voz en el debate actual sobre espiritualidad y oración. Es autora de numerosos libros sobre la oración y una predicadora y conferencista reconocida.

Alianza Pro Evangelización del Niño | http://www.apenregional.com/

La Alianza Pro Evangelización del Niño® (Child Evangelism Fellowship®) es una organización mundial centrada en la Biblia, compuesta de creyentes nacidos de nuevo, que tienen el propósito de evangelizar a los niños con el evangelio del Señor Jesucristo y afirmarlos (discipular) en la Palabra de Dios y en una iglesia local para la vida cristiana.

Fellowship of Christian Athletes | www.fca.org

La Confraternidad de Deportistas Cristianos está tocando millones de vidas, un corazón a la vez, al retar a entrenadores y deportistas en los niveles profesionales, universitarios, de escuela intermedia y secundaria y juvenil a usar el poderoso medio de los deportistas para cambiar al mundo para Cristo. Esta confraternidad tiene el objetivo de servir a las comunidades locales entrenando, capacitando, y motivando a las personas a alcanzar a otros para Cristo.

Cru | www.cru.org

Cru (previamente Cruzada Estudiantil para Cristo Internacional) ayuda a cumplir la gran comisión en el poder del Espíritu Santo de ganar a personas para Cristo, edificarlas en su fe y enviarlas para que ganen y edifiquen a otros, y ayudar al cuerpo de Cristo a hacer evangelismo y discipulado.

Happy Home | www.arlenepellicane.com

Arlene Pellicane es oradora y autora de cinco libros, entre los que se incluye *El reto de criar a tus hijos en un mundo tecnológico*. Ha demostrado ser una experta como invitada en numerosos programas televisivos y radiales.

Kendrick Brothers/War Room Movie | www.kendrickbrothers.com

Kendrick Brothers Productions es una compañía fundada por Alex y Stephen Kendrick, que existe para honrar a Jesucristo y dar a conocer su verdad y su amor entre las naciones por medio de películas, libros, planes de estudio y conferencias. Entre sus películas se incluyen: *Cuarto de guerra, Reto a los valientes, A prueba de fuego, Enfrentando a los gigantes* y *Lección de honestidad*.

PULSE | www.pulsemovement.com

PULSE es un movimiento de oración y evangelismo, que tiene como objetivo capacitar a la iglesia y crear conciencia de la realidad de Jesús. Este movimiento aporta una renovada expresión de Jesús a esta generación, con voces y medios de comunicación propios de la cultura de la juventud.